Inhalt

Gesund mit Bärlauch

Feine Bärlauch-Rezepte

Nutzen Sie neueste Erkenntnisse für Ihre Gesundheit.

Bärlauch erfreut auch das Auge – gestalten Sie Tischdekorationen mit seinen Blüten und Blättern.

Die Powerpflanze aus dem Frühlingswald

Bärlauch ist seit einigen Jahren immer beliebter geworden, es entstand ein regelrechter Boom. Neue Produkte von Bärlauch-Pesto bis Bärlauch-Käse kamen auf den Markt.

Woher kommt diese Begeisterung? Vielleicht daher, dass Bärlauch einer der ersten Frühlingsboten ist – auch kulinarisch gesehen. Und nach den langen, grauen Wintermonaten sehnt sich das Auge nach frischem Grün und der Körper nach belebender Kost.

Gute Gründe für die Popularität des Bärlauchs gibt es auf jeden Fall viele: Er kann in der Natur gesammelt, aber auch problemlos im Garten angebaut werden, er ist eine hochwirksame Heilpflanze und vielseitig in der Küche verwertbar.

In diesem Buch erfahren Sie alles Wissenswerte rund um die Powerpflanze: Wo wächst Bärlauch, worauf muss man beim Sammeln oder beim Anbau im Garten achten? Wie wurde Bärlauch in der Heilkunde vergangener Zeiten eingesetzt, woher kommt sein Name? Was sagt die moderne Medizin zur gesundheitsfördernden Wirkung des Bärlauchs?

Nicht zuletzt finden Sie hier viele Tipps zum Kochen mit Bärlauch und einen großen Rezeptteil mit einfachen und raffinierten Bärlauchgerichten.

Bärlauch sammeln und anbauen

Ausflug in die Botanik

Bärlauch ist nahezu in ganz Europa heimisch und an ein feuchtes und gemäßigtes Klima angepasst. Was er gar nicht liebt, ist direkte Sonneneinstrahlung, das Licht muss durch ein Blätterdach abgemildert sein.

Geographische Verbreitung

Bärlauch kommt nur auf der Nordhalbkugel der Erde vor. Er wächst in fast ganz Nord- und Mitteleuropa sowie in Nordasien (Kleinasien, Kaukasus, Sibirien bis zur Halbinsel Kamtschatka). In heißen und trockenen Gegenden fehlt er allerdings, so in der ungarischen Tiefebene und den immergrünen Regionen des Mittelmeers. Das hat seinen Grund: Die Pflanze braucht Feuchtigkeit und ist nicht an Wassermangel angepasst. Man erkennt dies auch daran, dass Bärlauchblätter rasch welken, nachdem sie von der Pflanze abgeschnitten wurden.
In Deutschland ist der Bärlauch vom Voralpenland bis zur Insel Rügen verbreitet. In Mittelgebirgen, beispielsweise in der Eifel oder im Harz, findet man oft ausgedehnte Bärlauch-Standorte. In Süd- und Mitteldeutschland ist er häufig zu finden, nördlich der Linie Münster – Hannover wird er seltener und fehlt in Teilen der norddeutschen Tiefebene ganz.

Bärlauch-Porträt

Standort: Feuchte, humusreiche, schattige Laubwälder, Quellstellen und Auen; liebt Buchenwälder.
Sammelzeit: Je nach Region und Witterung zwischen März und Mai.
Aussehen: Langgestielte, lanzettförmige Blätter, bis 30 cm lang. Kugelförmige Blütendolde mit weißen, sternförmigen Einzelblüten auf blattlosem Stängel.

Standorte

Bärlauch ist gesellig und kommt in der freien Natur immer in Massen vor, es gibt regelrechte Bärlauch-Wiesen. Seine bevorzugten Standorte sind feuchte, humusreiche, schattige Laubwälder, von Bächen durchzogene Schluchten, Quellstellen und Auen. In Mittelgebirgen ist er häufig in Buchenwäldern zu finden. Nie wächst er dagegen auf offenen Wiesen und in trockenen Kiefernwäldern. Häufig findet man folgende Pflanzen in der Gesellschaft des Bärlauchs: Rotbuche, Buschwindröschen und Schlüsselblume, Gefleckter Aronstab und Ährige Teufelskralle.

Botanik

Der Bärlauch ist eine ausdauernde, mehrjährige Zwiebelpflanze und zählt zur Familie der Lauchgewächse (Alliaceae). Innerhalb dieser gehört er zur artenreichen Gattung *Allium*, zu der so wichtige Kulturpflanzen wie die Gemüsezwiebel, der Knoblauch, der

Bärlauch kommt immer in Massen vor und bildet regelrechte Wiesen.

Lauch (Porree) und der Schnittlauch gehören (mehr zu den Verwandten des Bärlauchs auf S. 14). Bärlauchfreunde sind begeistert, wenn sich Ende März/Anfang April die ersten jungen Pflänzchen zeigen. Zu dieser Zeit beginnt die Zwiebel mit dem Austrieb der – meist zwei – Blätter. Mit ihrem zarten Grün beleben sie den noch von den braunen Blättern des vergangenen Herbstes bedeckten Waldboden. Die Bärlauchblätter werden 20 bis 30 cm lang, sind lanzettförmig und langgestielt. Auf einem bis zu 50 cm hohen Stängel bildet der Bärlauch seinen kugelförmigen Blütenstand. Er ist anfangs von einem dünnhäutigen Hüllblatt umschlossen, das aber rasch abfällt. Die Scheindolde besteht aus zarten, weißen, sternförmigen Einzelblüten, die am Ende von dünnen Stielen sitzen. Nach der Blüte entwickeln sich grüne Samen, die schließlich abfallen und – günstige Bedingungen vorausgesetzt – im nächsten Jahr keimen. Die Basis der Pflanze bildet die im Boden steckende weiße Zwiebel. Sie ähnelt der Frühlingszwiebel und ist länglich und schlank. ●

SMART

Das Jahr des Bärlauch-Liebhabers

Welchen Zeitpunkt sollten Bärlauch-Freunde nicht verpassen?

- **Februar / März:** nach den ersten Pflänzchen an Bärlauch-Standorten Ausschau halten.
- **April:** Setzlinge im Garten pflanzen, Blätter ernten und bevorraten (Einlegen / Einfrieren)
- **Mai:** Blüten ernten
- **Juni:** Samen ernten
- **Juli:** Samen aussäen
- **September / Oktober:** Zwiebeln stecken

Sammelleidenschaft

Wo der Bärlauch wächst, erfahren Sie im Kapitel „Ausflug in die Botanik“ (Seite 6). Selbstverständlich sollte sein, dass man beim Sammeln die Natur schont. Dazu gehört auch, dass man die Bestände nicht restlos plündert, sondern immer nur so viel erntet, wie man tatsächlich selber verbrauchen kann.

Bärlauch sammeln macht Spaß – die Natur dabei schonen auch!

Sammeln und Naturschutz

In Naturschutzgebieten ist das Sammeln von Pflanzen grundsätzlich nicht erlaubt. Außerhalb davon dürfen Wildpflanzen in haushaltsüblichen Mengen für den Eigenbedarf gepflückt werden, sofern sie nicht unter die Bundesartenschutzverordnung fallen. Dies ist beim Bärlauch nicht der Fall. Allerdings steht er in Brandenburg und Schleswig-Holstein auf der Roten Liste gefährdeter Pflanzen – diese Tatsache verbietet das Sammeln zwar nicht, doch sollte man in diesen Regionen besonders sensibel sein. Fragen Sie im Zweifelsfall bei örtlichen Naturschutzverbänden nach, ob der Bestand des Bärlauchs in Ihrer Gegend gefährdet ist. Selbst ausgedehnte Bestände vertragen es nicht, wenn am Wochenende Massen von Bärlauch-Liebhabern über sie hinwegziehen. Man sollte also darauf achten, dass man nicht auf die zarten Pflanzen tritt und dabei die Blätter zerquetscht. Am besten nur am Rand von Bärlauch-„Feldern“ ernten. Zum Abschneiden der Blätter benutzt man ein scharfes, kleines Messer oder eine Küchenschere. Auch sollte man jeweils nur ein Blatt pro Pflanze abschneiden – schließlich braucht diese ihre Blätter, um Nährstoffe in der Zwiebel zu speichern. Diese geben ihr im nächsten Jahr wieder Kraft zum Austreiben. Das Ausgraben von Pflanzen im Wald schädigt das Ökosystem und sollte unterbleiben.

Vom richtigen Zeitpunkt

Die beste Erntezeit für die Blätter liegt, wie bei Kräutern generell, vor dem Beginn der Blüte. Jetzt schmeckt die Pflanze am aromatischsten, da sie ihre Kräfte noch nicht für die Blütenbildung „verausgabt“ hat. Je nach Region und nach Härte des Winters erscheinen die Blätter ab Anfang Februar bis Ende März. Die Hauptblütezeit des Bärlauchs ist der Mai, witterungsbedingte Unterschiede von sechs bis acht Wochen sind möglich. Wenn die zarten Blüten abfallen, werden die kugeligen grünen Samenstände sichtbar. Dann ist es mit der Pracht auch schon bald vorbei, denn die Vegetationsperiode des Bärlauchs ist kurz: Ab Juni, wenn Wachstum und Blüte der Pflanze abgeschlossen sind, beginnen die Blätter zu welken – die Pflanze fällt in ihren Sommerschlaf, um erst im Vorfrühling wieder in Erscheinung zu treten.

Geernteter Bärlauch *sollte so rasch wie möglich nach Hause gebracht werden, da er schnell welkt.*

Nach Hause transportieren

Die Blätter kann man in einem Körbchen nach Hause tragen. Auf keinen Fall sollten sie zusammengedrückt werden, denn sie sind sehr empfindlich. Einmal geerntet, verlieren sie rasch an Feuchtigkeit und „machen schlapp". Für einen längeren Transport sollten die Blätter in Plastikdosen oder Gefrierbeuteln aufbewahrt werden, in die man etwas Wasser gibt. So kann man an das Sammeln noch eine Wanderung anschließen. Allerdings ist bei warmem Wetter Vorsicht geboten, denn Hitze lässt den Bärlauch schnell schlaff werden. Die Gefrierbeutel sollten leicht aufgeblasen und zugebunden werden. Kann man den Bärlauch zu Hause nicht sofort verarbeiten, was natürlich ideal wäre, kann man ihn in dieser Verpackung auch ein bis zwei Tage im Kühlschrank aufbewahren. ●

SMART

Zu welcher Tageszeit ernten?

- Der **Morgen und** der **Vormittag** sind ideale Erntezeitpunkte bei Kräutern, denn dann ist der Gehalt an ätherischen Ölen am höchsten.
- Dies gilt auch für **trockenes Wetter**, das günstiger für das Aroma ist als feuchtes.
- Am wenigsten ätherische Öle enthalten Pflanzen, die in den **warmen Mittagsstunden** geerntet werden.

Sicherheit beim Bärlauch sammeln

Wer Bärlauch im Wald sammeln möchte, sollte sich gut mit dem Aussehen der Pflanze vertraut machen, denn immer wieder kommt es zu gefährlichen Verwechslungen mit den giftigen Maiglöckchen oder Herbstzeitlosen.

Das auffälligste Charakteristikum des Bärlauchs ist natürlich sein knoblauchartiger Geruch, der sofort freigesetzt wird, wenn man ein Blatt mit den Fingern leicht zerreibt. Doch Vorsicht: Beim Sammeln geht der Geruch auf die Finger über, und dann besteht die Gefahr einer Verwechslung.

Blätter erkennen

Daher sollte man sich das Aussehen des Bärlauchs gut einprägen: Seine Blätter sind meist zu zweit angeordnet und enden in 5 bis 20 mm langen Stielen. Sie umgreifen einander nicht. Anders bei den Maiglöckchen und Herbstzeitlosen: bei ihnen umgreifen die Blätter einander und wachsen direkt aus dem Boden.
Generell sollte beim Sammeln von Pflanzen in der Natur gelten: Nehmen Sie nur mit nach Hause, was Sie ganz sicher kennen – bei noch so kleinen Zweifeln die Blätter lieber im Wald stehen lassen!

1 ◂ **Das Maiglöckchen (*Convallaria majalis*)** liebt wie der Bärlauch schattige Laubwälder. Seine Hauptinhaltsstoffe sind Glykoside, die das Herz angreifen. Beim Verzehr kleiner Mengen wurden bisher nur Magen-Darm-Beschwerden beobachtet, große Mengen des Giftes führen allerdings zum Tod. Die Pflanze wird 10 bis 20 cm hoch und hat elliptisch bis lanzettlich geformte Blätter. Anders als beim Bärlauch umgreifen die Blätter einander und wachsen zu zweit direkt aus dem Boden. Eine Verwechslung mit dem Bärlauch ist eigentlich nur vor der Blüte möglich.

Angst vor dem Fuchsbandwurm?

Das Risiko eines Befalls mit dem Fuchsbandwurm taucht immer wieder in den Medien auf. Die Eier des Kleinen Fuchsbandwurms (*Echinococcus multilocularis*) werden mit dem Fuchskot ausgeschieden. Gelangen sie in das Verdauungssystem des Menschen, können sie als Finnen in der Leber zu großen, tumorartigen Wucherungen führen. Früher starben erkrankte Menschen am Fuchsbandwurm, heute können auch im Spätstadium noch 90 % gerettet werden. Allerdings ist das Risiko einer Erkrankung sehr gering, in Deutschland werden jährlich etwa zwölf Neuerkrankungen festgestellt. Was kann man tun, um das Risiko zu senken? Wirklich abgetötet werden die Eier des Fuchsbandwurms nur durch Erhitzen. Wer ganz sicher gehen möchte, muss den Bärlauch also kurz kochen oder mit kochendem Wasser überbrühen. Einfrieren nützt dagegen nichts. Gründliches Waschen ist immer von Vorteil, doch bleibt hier ein Restrisiko erhalten, welches jeder für sich selbst abwägen muss.

2

▲ **Die Herbstzeitlose (*Colchicum autumnale*)** treibt im Frühjahr ihre Blätter aus, diese werden immer wieder mit Bärlauch verwechselt. Erst im Herbst erscheint dann die rosa- bis lilafarbene, krokusähnliche Blüte. Gefährlich ist das Gift Colchicin, das in allen Pflanzenteilen enthalten ist. Schon der Verzehr von 60 g der Blätter kann für einen Erwachsenen tödlich sein. Die Blätter sind ähnlich wie beim Bärlauch lanzettartig geformt. Die wesentlichen Unterscheidungsmerkmale sind: Die Blätter des Bärlauchs sind gestielt (auf dem Foto: rechts), die der Herbstzeitlosen umfassen einander rosettenartig und wachsen direkt aus dem Boden (links). Außerdem sitzt im unteren Bereich der Blätter der Herbstzeitlosen eine dreiteilige, länglich-eiförmige Kapsel, die viele kleine Samen enthält.

Sterne im Schattengarten

Bärlauch gedeiht prächtig im Garten und bedarf so gut wie keiner Pflege. Allerdings muss der Standort stimmen.

Der ideale Standort

Der Boden sollte humusreich, nicht zu basenarm, tiefgründig und „frisch" sein, also weder zu trocken noch zu feucht. Der ideale Platz ist halbschattig, liegt unter Laubgehölzen oder unter einer Hecke aus Laub abwerfenden Sträuchern. Ist der Standort zu sonnig, bleiben die Pflänzchen klein und kümmern vor sich hin. Damit ab Juni, wenn die Bärlauchblätter welken, keine Lücken in der Bepflanzung entstehen, kann man Bärlauch mit verschiedenen Stauden kombinieren, beispielsweise mit Sterndolden, Wald-Glockenblumen, Kleinem Immergrün oder Kriechendem Günsel.

An einem schattigen Standort bilden sich auch im Garten üppige Bärlauch-Wiesen.

Pflänzchen, Zwiebeln oder Samen?

Bärlauchpflänzchen sind seit ein paar Jahren immer häufiger im Angebot. Halten Sie danach in Gärtnereien, beim Gemüsehändler und auf Wochenmärkten Ausschau. Die Pflanzen werden im Frühjahr an Ort und Stelle eingesetzt. Man pflanzt den Bärlauch entweder mit einem Abstand von etwa 10 cm nebeneinander, oder man bildet Gruppen von drei bis fünf Pflanzen, zwischen denen man etwa 30 cm Abstand lässt. So hat der Bärlauch Raum für die natürliche Vermehrung.
Nach dem Einpflanzen sollte man gründlich wässern. Bärlauch kann auch aus Zwiebeln oder Samen gezogen werden. Erstere werden einfach im Herbst etwa 10 cm tief in den Boden gesteckt. Geerntet werden kann schon im nächsten Frühjahr, wenn auch recht kleine Blätter. Lohnender wird die Ernte erst nach drei bis vier Jahren, wenn sich die Pflanze mehrmals versamt hat. Die Anzucht aus gekauftem Saatgut ist

schwieriger. Das Saatgut muss ganz frisch sein und am besten schon im Juli ausgesät werden. Älteres Saatgut keimt nur zu einem geringen Prozentsatz. Man sät am besten direkt im Freiland aus und sollte darauf achten, dass die Stelle nicht mit Gras überwuchert wird, sonst haben die zarten Pflänzchen keine Chance. Bärlauch ist ein Kaltkeimer: Erst die Frosteinwirkung im Winter löst den Keimvorgang aus. Wenn man Glück hat, zeigen sich im Frühjahr die ersten zarten Pflänzchen, von denen aber frühestens im nächsten Jahr geerntet werden kann. Sicherer und schneller zum gärtnerischen Erfolg führen Setzlinge!
Ein wenig Geduld muss man jedoch immer mitbringen: Bis die Bärlauch-Ernte üppiger ausfällt und die Pflanzen sich zu einem dichten Teppich vermehrt haben, vergehen etwa drei bis vier Jahre. Ist der Bärlauch erst einmal im Garten heimisch geworden, ist er denkbar anspruchslos, besondere Pflegemaßnahmen sind nicht nötig. Auch Düngung ist überflüssig – als Wildkraut würde der Bärlauch sie gar nicht schätzen. Es erscheinen jedes Jahr mehr Pflänzchen, denn die Pflanze sät sich selber aus. Die Jungpflanzen können auch an ganz anderen Orten im Garten auftauchen, denn die Samen werden von Ameisen verschleppt. Außerdem vermehrt sich Bärlauch vegetativ über die Zwiebeln und wächst dann in dicken Büscheln. ●

Bärlauch gedeiht *im Halbschatten unter Gehölzen.*

SMART

Garten Steckbrief Bärlauch

- **Standort:** Halbschattig, unter Laub abwerfenden Gehölzen, tiefgründig, humusreich.
- **Pflanzzeit:** Pflänzchen im zeitigen Frühjahr, Samen im Sommer, Zwiebeln im Herbst.
- **Pflege:** Bei langer Trockenheit wässern, Düngung nicht nötig.
- **Vermehrung:** Von selbst, durch Zwiebeln oder Samen. Wünscht man keine weitere Vermehrung, müssen die Blüten vor der Samenbildung abgeschnitten werden.

Verwandte des Bärlauchs

Artenreichtum und Formenvielfalt bietet die Gattung der *Allium*-Gewächse, zu der auch der Bärlauch zählt.

Mit über 700 Arten ist die Gattung *Allium* (das Wort bedeutet Zwiebel oder Lauch) die artenreichste innerhalb der Familie der Lauchgewächse (Alliaceae). Ihre bekanntesten Vertreter sind die Gemüsepflanzen Zwiebel, Knoblauch und Lauch, doch gibt es auch zahlreiche Zierlauch-Arten, die durch dekorative Blütenstände und eine große Formenvielfalt bestechen. *Allium*-Arten sind auf der gesamten Nordhalbkugel der Erde zu finden. Als Lebensraum bevorzugen sie meist Trockengebiete.
In Größe und Aussehen können sich die verschiedenen Arten beträchtlich unterscheiden – ein auffälliges Merkmal teilen sie aber: ihren typischen Knoblauchgeruch. Er entsteht erst, wenn das Pflanzengewebe verletzt wird: dann wird das geruchlose Alliin, das in den Zellen vorhanden ist, durch ein Enzym in das ätherische Öl Allicin umgewandelt. Eine Knoblauchzehe mit intakter Haut ist also geruchlos.

Knoblauch

Allium sativum

Küchenklassiker aus dem Süden

Knoblauch kann man unkompliziert durch das Stecken von Zehen im Herbst pflanzen. Er ist ein guter Partner für Erdbeeren, Rosen, Fenchel und Möhren und beugt Pilzerkrankungen vor.

- Aussehen: Die Knoblauchpflanze wird 30 bis 90 cm hoch. Ihr Stängel ist bis etwa zur Mitte mit herabhängenden, schmalen Blättern besetzt. Den Blütenstand bilden kleine, rötlich-weiße Blüten, die von einem schnabelförmigen Hochblatt umhüllt werden. Die etwa 5 cm große Knolle besteht aus einer Hauptzwiebel, die von den gekrümmten Nebenzwiebeln, den Zehen, umgeben ist.

- Anbau: Die aus dem Süden stammende Pflanze braucht einen leichten Boden und einen sonnigen, windgeschützten und trockenen Standort. Schwefelhaltige Düngung vor dem Stecken der Zehen (im September) sichert die Bildung ätherischen Öls in der Pflanze.

- Kochen: Knoblauch wird häufig in Öl angebraten. Doch Achtung, die Hitze sollte nur mittelgroß sein, denn Knoblauch wird schnell schwarz und schmeckt dann bitter.

Küchenzwiebel
Allium cepa

Unentbehrliche Grundzutat beim Kochen

Schon vor über 5000 Jahren war die Speisezwiebel eine der bedeutendsten Gemüse- und Heilpflanzen. Auch heute ist sie aus unserer Küche nicht wegzudenken.

▸ Aussehen: Botanisch gesehen sind Zwiebeln unterirdische Sprosse, die vor allem aus fleischig verdickten Blättern bestehen. Diese dienen zur Speicherung von Nährstoffen. Es gibt eine große Vielfalt an Formen, Farben und Größen. Die meist runden oder ovalen Zwiebeln werden von mehreren trockenen Häuten umhüllt. Neben den braunen sind weiße und rote Zwiebeln verbreitet.

▸ Anbau: Zwiebeln lieben Sonne und Wärme. Ideal ist ein sandiger Lehmboden, der regelmäßig mit Kompost versorgt wird. Sowohl das Ausbringen von Samen als auch das Stecken von Zwiebeln führen zum Erfolg. Gewässert werden muss nur bei langer Trockenheit.

▸ Kochen: Zwiebeln sollten – wie die übrigen Lauchgewächse auch – erst kurz vor der Verarbeitung geschält und zerkleinert werden, damit sich ihr ätherisches Öl nicht verflüchtigt.

Schnittlauch
Allium schoenoprasum

Dekoratives Küchenkraut

Der aus Zentralasien stammende Schnittlauch wurde in Europa erstmals um 1200 kultiviert. Heute ist er eines unserer beliebtesten Küchenkräuter und unkompliziert anzubauen.

▸ Aussehen: Auch beim Schnittlauch wachsen unterirdisch Zwiebeln, die aber sehr schwach ausgebildet sind. Dafür bestockt er sich reichlich durch Tochterzwiebeln. Seine 15 bis 40 cm langen röhrenförmigen Blätter tragen im Sommer etwa zwei Monate lang rosaviolette Blüten. Die oberirdischen Teile der mehrjährigen Pflanze sterben im Herbst ab und bilden im Frühjahr neue Triebe.

▸ Anbau: Schnittlauch liebt einen sonnigen bis halbschattigen Standort und nährstoffreiche, leicht feuchte Erde. Mit Kompost oder Mist düngt man ihn im Herbst. Man kann Pflanzen in Töpfen kaufen oder ab April / Mai Samen im Freiland ausbringen.

▸ Kochen: Schnittlauch sollte man erst nach dem Garen über das fertige Gericht streuen. So bleiben das reichlich in der Pflanze enthaltene Vitamin C und ihr Aroma erhalten.

Frühlingszwiebel

Allium fistulosum

Zarte Verwandte der Küchenzwiebel

Der Name ist irreführend, denn das aus Zentralasien stammende Lauchgewächs ist rund ums Jahr erhältlich. Es wird auch als Lauch- oder Bundzwiebel bezeichnet.

▸ Aussehen: Im Gegensatz zum Lauch mit seinen breiten, flachen Blättern hat die Frühlingszwiebel runde Röhrenblätter. Die Zwiebel ist nur schwach entwickelt und schlank, dafür entstehen zahlreiche Tochterzwiebeln, so dass die Pflanze als büscheliger Horst wächst. Die dekorativen weißen Blütenstände der Frühlingszwiebel sind essbar und können über Gerichte gestreut werden.

▸ Anbau: Die Frühlingszwiebel wird noch grün und jung nach etwa acht Wochen geerntet. Wegen dieser kurzen Reifezeit kann man vom Frühjahr bis zum Sommer ständig nachsäen. Sie gedeiht am besten auf warmen und humusreichen Böden.

▸ Kochen: Die weißen Knollen der Frühlingszwiebel können angedünstet werden, die zarteren hellgrünen Teile gibt man besser erst kurz vor dem Ende der Garzeit hinzu.

Schnittknoblauch

Allium tuberosum

Neubürger in unserer Küche

Die auch als Chinesischer Lauch bezeichnete Pflanze ist bei uns erst seit einigen Jahrzehnten erhältlich. In Indien und Südostasien wird sie schon seit Jahrhunderten kultiviert.

▸ Aussehen: Der Schnittknoblauch ähnelt einer sehr schlanken Frühlingszwiebel. Die mehrjährige Staude entwickelt im Gegensatz zum Knoblauch keine Knolle. Über der kräftigen Wurzel sitzt der weiße, schlanke Schaft, aus dem die grasähnlich aussehenden, flachen Blätter bis zu 30 cm hoch emporwachsen. Im Frühsommer bildet der Schnittknoblauch kleine weiße Blütendolden aus.

▸ Anbau: Schnittknoblauch bevorzugt sandig-lehmige, humusreiche Böden und liebt keine Staunässe. Er hat nicht so hohe Wärmeansprüche wie der Knoblauch und gedeiht auch im Halbschatten. Man sollte ihn bei Trockenheit gießen und einmal im Jahr mit Kompost düngen.

▸ Kochen: Diese etwas milder als Knoblauch schmeckende Lauchart kann wie Schnittlauch verwendet werden. In Asien ist er in Wokgerichten oder als Füllung für Frühlingsrollen beliebt.

Sternkugellauch
Allium christophii

Große Zierlauch-Art

Der Sternkugellauch wächst in der Natur wild im asiatischen Teil der ehemaligen Sowjetunion und im Iran an felsigen Hängen. In unseren Gärten wurde er erst Ende des 19. Jahrhunderts heimisch.

▸ Aussehen: Mit seinen violetten, metallisch schimmernden Blüten gehört der Sternkugellauch zu den dekorativsten *Allium*-Arten. Im Juni / Juli bilden sich an der Spitze eines kräftigen Stiels die kugelförmigen Blütendolden, die bis zu 25 cm Durchmesser haben. Die Pflanze wird bis zu 60 cm groß. Ihre glänzenden, länglichen Blätter neigen sich in weitem Bogen nach außen.

▸ Anbau: Von zahlreichen Zierlauch-Arten sind Blumenzwiebeln im Fachhandel erhältlich. Sie werden im Herbst gesteckt. Der Sternkugellauch liebt einen nährstoffreichen Boden und gedeiht in sonnigen Lagen.

▸ Pflanztipps: Mit den hoch aufragenden, auffälligen Blüten kann man schöne Akzente in Rabatten setzen und den Sternkugellauch beispielsweise mit kleineren Stauden kombinieren.

Blauzungenlauch
Allium karataviense

Zierlauch mit auffälligen Blättern

Dieser Zwerg unter den Zierlauch-Arten stammt aus Asien und wurde in Europa erst im 19. Jahrhundert bekannt. Seine getrockneten Blüten eignen sich bestens für Trockenblumen-Arrangements.

▸ Aussehen: Der Blauzungenlauch besticht durch seine blaugrünen Blätter mit metallischem Schimmer. Auch die Blütendolden sind sehr attraktiv: Sie haben einen Durchmesser von bis zu 20 cm, sind hellrosa oder purpurfarben. Sie stehen auf relativ kurzen Stielen, denn die Pflanze erreicht nur etwa 30 cm Höhe. Die Blütezeit liegt im Mai / Juni.

▸ Anbau: Blauzungenlauch benötigt einen sonnigen Standort und einen trockenen, durchlässigen Boden. Staunässe verträgt er nicht gut. Als eine der wenigen Laucharten gedeiht er aber auch im Halbschatten, so dass man ihn beispielsweise unter Gehölzen pflanzen kann.

▸ Pflanztipps: Blauzungenlauch wirkt sehr dekorativ im Topf. Er ist geeignet für den Steingarten und kann mit kleinen Stauden kombiniert werden, z. B. mit Teppich-Phlox.

Gesund mit Bärlauch

Mythen und Fakten

Gehörte der Bärlauch zu den traditionellen Heil- und Küchenpflanzen oder fristete er ein Schattendasein in den Tiefen der Wälder? Die Spurensuche in der Geschichte des Bärlauchs ist spannend und beleuchtet interessante Facetten: Man erfährt viel über die Pflanze selbst wie auch über die Bedeutung der Pflanzenheilkunde zu verschiedenen Zeiten.

Der Bärlauch-Boom

Bärlauch und Knoblauch standen schon in der Volksheilkunde des Mittelalters bei uns in hohem Ansehen (mehr dazu auf Seite 22). Erst die Wiederentdeckung der Pflanzenmedizin im 20. Jahrhundert lenkte die Aufmerksamkeit erneut auf die Lauchgewächse. Es sollte jedoch noch einige Zeit vergehen, bis der Bärlauch aus seinem Dornröschenschlaf erwachte. Sein kräftiges Knoblaucharoma war in unseren Breiten einfach verpönt. Beispielsweise heißt es in einem Standardwerk zur Pflanzenkunde von 1909: „Die Pflanze [der Bärlauch] würde eine dankbare Gartenpflanze sein, wenn sie nicht mit dem starken, unangenehmen Knoblauchgeruch ausgestattet wäre." Seine Verwendung als Küchenpflanze war bei unseren Ur- und Ur-Ur-Großmüttern weitgehend unbekannt. In Kochbüchern des 19. und 20. Jahrhunderts findet sich kein Hinweis. Allerdings wurde er von Bäuerinnen und Landfrauen vor allem in Süddeutschland, Österreich und in der Schweiz immer verwendet, so dass es mündlich und handschriftlich überlieferte Rezepte gibt.
Der große Bärlauch-Boom setzte jedoch erst Ende des letzten Jahrhunderts ein, als professionelle Köche den Bärlauch entdeckten und er im Frühjahr auf den Speisekarten sowohl von Spitzenrestaurants als auch von Landgasthöfen erschien. Mittlerweile ist es auch für den Hobbygärtner oder -koch kein Problem mehr, sich mit dem beliebten Grün einzudecken: Gärtner bieten Pflänzchen an, auf Wochen-

Schon die alten Germanen schätzten das frische Grün des Bärlauchs.

märkten findet man Bärlauch-Bunde und scheinbar ist kein Lebensmittel ungeeignet, um es durch die Beigabe von Bärlauch zu einem potentiellen Verkaufsschlager zu machen, seien es Bärlauch-Tofu, Bärlauch-Käse, Bärlauch-Maultaschen oder Bärlauch-Leberwurst.

Ramser, Ramsen, Zigeunerlauch und Hexenzwiebel sind weitere Namen des Bärlauchs.

Wie kommt der Bärlauch zu seinem Namen?

Der ursprüngliche Name der Pflanze hatte noch nichts mit dem Bären zu tun. Er leitet sich vom germanischen Ausdruck „hramusan" beziehungsweise vom althochdeutschen Wort „ramsada" ab, mit dem Zwiebel- und Lauchgewächse bezeichnet wurden. Noch heute ist in einigen Landstrichen die Bezeichnung „Ramser", „Rämsch" oder „Ramsel" für den Bärlauch üblich. Einer Überlieferung nach sollen die alten Germanen das Kraut in Verbindung mit dem Bären gebracht haben: Es wird berichtet, dass die Bären sich nach dem Winterschlaf über das frische Grün hermachten, um wieder zu Kräften zu kommen. Da liegt die Schlussfolgerung nahe, dass sein Verzehr auch dem Menschen „Bärenkräfte" verleihen kann. Sicher ist aber, dass der Name „Bärlauch" auf eine besondere Bedeutung dieses Lauchgewächses für die Menschen früherer Zeiten hinweist: In der Mythologie galt der Bär als seelentragendes Tier, und den Rang einer Pflanze kann man auch an der Bedeutung des Tieres ablesen, das ihm seinen Namen gab.

SMART

Das Ramschelfest

› **Dieses traditionelle Bärlauchfest** wird noch heute in Hayn (Gemeinde Mönchenholzhausen) in Thüringen gefeiert. Es ist eng mit dem Volksglauben an die heilbringende Wirkung des Bärlauchs verknüpft. Früher fand es immer am 30. April, zur Walpurgisnacht, statt, da man glaubte, der Bärlauch würde seine Heilkraft verlieren, nachdem die Hexen mit ihren Besen darüber geritten seien.

Altes Heilwissen

Das Wissen um die Heilkraft der Natur ist uralt – so alt wie die Menschheit selbst. Denn unseren Vorfahren blieb gar nichts anderes übrig, als Medizin aus Mineralien, Pflanzen und Tieren zu gewinnen. Schamanen, Medizinmänner und heilkundige Frauen wussten, welches Kraut wogegen hilft und wo es zu finden ist.

Eine Bärlauch-Abbildung aus dem „Kreuterbuch" von Leonhart Fuchs (16. Jahrhundert).

Bärlauch bei den Germanen

Schon zur Zeit der Germanen war Bärlauch nördlich der Alpen verbreitet. Bei Ausgrabungen jungsteinzeitlicher Pfahlbauten im Voralpenland fand man häufig Bärlauchsamen. Auch die Tatsache, dass ein germanischer Name der Pflanze existierte (*hramusan* = Ramser, siehe dazu Seiten 20–21) spricht dafür, dass der Bärlauch bei unseren Vorfahren bekannt war. Dass er außerdem durch seine Namensgebung mit einem mächtigen, seelentragenden Tier in Verbindung gebracht wurde, zeigt seine Bedeutung im Volksglauben. Dies gilt übrigens für viele Pflanzen, die Tiernamen tragen, wie z. B. Bärenklau, Wolfsmilch oder Fuchswurz.

Die Klostermedizin

Ihre Blütezeit erlebte die Pflanzenmedizin im Mittelalter. Die gesamte medizinische Versorgung der Menschen in Europa lag in den Händen der Klöster. Kranke wurden ausschließlich mit Kräutern und Heilpflanzen behandelt. Die Mönche forschten nicht nur und betätigten sich als Ärzte, sie legten auch Kräutergärten an. Die Bedeutung von Heilpflanzen muss auch Kaiser Karl dem Großen (747–814) bewusst gewesen sein. In seiner Verordnung „Capitulare de villis vel curtis imperialibus" schrieb er vor, dass Pfalzen, Klöster und Hofgüter bestimmte Obstbäume sowie Heil- und Gewürzpflanzen anzubauen hätten. Dazu zählten die Lauchgewächse Zwiebeln, Knoblauch, Schnittlauch, Porree – und Bärlauch.

Bärlauch contra Knoblauch?

Mit der römischen Kolonisation Germaniens war jedoch ein Verwandter des Bärlauchs über die Alpen gelangt: der Knoblauch, der im Mittelmeerraum schon seit 3000 v. Chr. als Heilpflanze bekannt war. Kam es zu einer Konkurrenz der beiden Allium-Gewächse und zu einer Verdrängung des einheimischen Bärlauchs

Die Klostergärten des Mittelalters bildeten die Grundlage der damaligen Medizin.

aus der Heilkunde? Der „Macer floridus“ aus dem 11. Jahrhundert beispielsweise, das in Europa verbreitetste Heilpflanzenbuch des Mittelalters, beschreibt zahlreiche Heilanwendungen des Knoblauchs, der Bärlauch wird nicht erwähnt. Er scheint wohl eher als Wildgemüse eine Rolle gespielt zu haben, während der Knoblauch in Gärten kultiviert und den Charakter einer Heilpflanze besessen habe, so Dr. Thomas Richter, Apotheker und Historiker für Pflanzenheilkunde.

SMART

Wichtige Meilensteine der Klostermedizin

- **Der Benediktinerorden** (gegr. 527) machte sich die Krankenpflege zur Aufgabe. Daher beschäftigten sich die Benediktiner mit dem Anbau und der Wirkung von Arzneipflanzen.
- **Ein weiteres** bedeutendes Zeugnis der mittelalterlichen Klostermedizin ist der „Hortulus“ des Abts Walahfrid Strabo (808–849), aus dem Kloster Reichenau auf der Bodenseeinsel Reichenau.
- **Der „Macer floridus“**, ein handschriftliches lateinisches Kräuterbuch aus dem 11. Jahrhundert, sollte das verbreitetste Heilpflanzenbuch des Mittelalters werden. Darin sind 80 Heilpflanzen und ihre Wirkung beschrieben.
- **Die Äbtissin Hildegard von Bingen** (1098–1179) führte in ihren heilkundlichen Schriften neue Pflanzen in die Klostermedizin ein. Modern ist ihr ganzheitliches Denken.

Pflanzenheilkunde in der Neuzeit

Die Ära der gedruckten Kräuterbücher

Die Erfindung des Buchdrucks mit beweglichen Lettern durch den Mainzer Johannes Gutenberg (1397–1468) ermöglichte eine schnellere Verbreitung des Wissens. Davon profitierte auch die Pflanzenmedizin, die im Zeitalter von Humanismus und Reformation immer noch sehr populär war. In zahlreichen Kräuterbüchern wurden einzelne Pflanzen hinsichtlich ihrer Botanik und medizinischen Wirkung beschrieben. Auch detailgetreue Abbildungen finden sich in den Büchern, da das Wissen über die Kräuter möglichst umfassend dargestellt werden sollte.

Knoblauch, der bekanntere Verwandte des Bärlauchs, wird bereits seit 3000 v. Chr. als Heilpflanze verwendet.

- **Der „Garten der Gesundheit"** von 1485 ist eines der ersten gedruckten Kräuterbücher. Darin findet sich leider nichts über den Bärlauch, dafür aber eine ausführliche Darstellung seines Verwandten, des Knoblauchs. Diese uralte Heilpflanze – erste Zeugnisse ihrer Anwendung stammen von 3000 v. Chr. – war auch in Antike und Mittelalter bekannt und wurde traditionell gegen Vergiftungen, Stiche, Bisse, Darmparasiten, zum Schleimlösen und Schmerzstillen angewendet.
- **Zwischen 1500 und 1600** publizierten **Otto Brunnfels, Leonhart Fuchs** und **Hieronymus Bock** ihre Kräuterbücher. Diese Autoren gelten bis heute als „Väter der Botanik" und ihre Werke fanden weite Verbreitung. Hieronymus Bock widmet dem Bärlauch in seinem Kräuterbuch (1539) einen detaillierten botanischen Steckbrief (Auszüge aus dem Originaltext im Kasten S. 25). Leider erfährt man in dieser Quelle wenig über die medizinische Wirkung. Bock folgert, dass Bärlauch aufgrund seines übleren Gestanks besser in der Lage ist, Gifte aus dem Körper zu vertreiben, als der „zahme" Knoblauch.

Die Volksmedizin bewahrt altes Wissen

Im weiteren Verlauf der Neuzeit geriet die Kräuterheilkunde jedoch immer mehr in Vergessenheit, zumindest, was die schriftliche Überlieferung anbelangt. Die akademische, an den Universitäten gelehrte Medizin trat in den Vordergrund.

In der mündlichen Überlieferung des Volkes lebte das alte Wissen jedoch weiter. Auch der Bärlauch ist wohl immer als wirkungsmächtige Pflanze in Erinnerung geblie-

ben, dies zeigen Traditionen wie das Ramschelfest (siehe auch S. 20–21), in denen die magische Kraft der Pflanze zum Ausdruck kommt: Das Fest wurde früher immer am 30. April, der Walpurgisnacht, gefeiert, da in dieser Nacht die Hexen mit ihren Besen durch den Wald fliegen und den Kräutern ihre Kraft nehmen. Der gesammelte Bärlauch sollte krankes Vieh heilen und gesundes schützen.
Eine erste Rückbesinnung auf die Heilkräfte des Bärlauchs gab es im 19. Jahrhundert. Die Bewegung der Romantik entdeckte die mündlichen Überlieferungen des Volkes wieder, so auch die Pflanzenheilkunde. Der bekannte Schweizer Kräuterpfarrer Künzle schrieb: „Wohl kein Kraut der Erde ist so wirksam zur Reinigung von Magen, Gedärmen und Blut wie der Bärlauch. […] Die jungen Leute werden aufblühen wie ein Rosenspalier und aufgehen wie die Tannenzapfen in der Sonne."
Diese Beschreibung mag zwar etwas blumig sein, doch sollte die Phythotherapie, die in den 80er-Jahren des 20. Jahrhunderts mit der Erforschung des Bärlauchs auf molekularer Ebene begann, diese Heilwirkungen bestätigt finden.

Die Heilwirkung des Bärlauchs war in der Volksmedizin schon lange bekannt.

SMART

Hieronymus Bock 1539 über den Bärlauch

› **Solcher Waldt knoblauch** ist vberauß inn seiner gantzen subtanz eins vbelen starcken geruchs vndd bösen geschmacks. Das Rindtvihe / wa es inn der weide (...) das wild Knoblauchkraut versucht / so schmackt und reucht die Milch / die Kaeß vnnd der Buttern so starck nach dem Knoblauch / das niemandts die selbige (...) versuchen oder niessen mag.

Gesund und fit mit Bärlauch

In den letzten Jahrzehnten des 20. Jahrhunderts begann man, die Heilwirkung des Bärlauchs wissenschaftlich zu untersuchen. Dabei entdeckte man zahlreiche therapeutische Anwendungsgebiete: von Arteriosklerose über Herzschutz bis zu Verdauungsproblemen.

Die Heilkräfte des Bärlauchs

Bärlauch wirkt allgemein belebend und stärkend auf den Organismus und wird in der Volksmedizin als Hausmittel u.a. bei Verdauungsstörungen und Hautausschlägen verwendet. Seine therapeutischen Wirkungen konnten aber auch ganz konkret durch verschiedene wissenschaftliche Studien nachgewiesen werden. Bärlauch wirkt vorbeugend, aber auch heilend bei Herz-Kreislauf-Erkrankungen. Gegen die gefürchtete Arteriosklerose (Gefäßverkalkung), die zu Herzinfarkt und Schlaganfall führen kann, kann man mit Bärlauch-Präparaten vorbeugen, da er die Einlagerung von oxidiertem Cholesterin an der Gefäßwand verhindert. Bärlauchverbindungen sind sogar in der Lage, bereits bestehende Einlagerungen langsam wieder aufzulösen. Zusätzlich geht vom Bärlauch eine blutdrucksenkende Wirkung aus. Bärlauch-Präparate verbessern die Fließeigenschaften

1 ◂ **Bärlauch-Produkte** Im Vergleich zum längst etablierten Knoblauch ist der Markt für Gesundheitsprodukte mit Bärlauch noch überschaubar. Es gibt Bärlauch in Form von Press-Saft aus frischem Bärlauchkraut, Tabletten, Kapseln oder Frischblatt-Granulat in Apotheken und Reformhäusern sowie in manchen Naturkostläden zu kaufen. Durch Zusatz von Hagebuttenschalen zum Frischblatt-Granulat konnte man erreichen, dass die Wirksamkeit der Substanzen lange erhalten bleibt.

des Blutes und fördern damit die Durchblutung. Dadurch bessern sich beispielsweise Erkrankungen wie Schwindelanfälle und Ohrgeräusche (Tinnitus aurium). Die Verbesserung der Durchblutung führt außerdem dazu, dass Schmerzen verursachende Stoffwechselprodukte schneller abgebaut werden, was rheumatische Erkrankungen lindern kann.
Bärlauch normalisiert die Verdauung. Darüber hinaus konnte nachgewiesen werden, dass der Darmpilz *Candida albicans*, der die natürliche Darmflora aus dem Gleichgewicht bringt und zahlreiche Folgeerkrankungen verursacht, durch die Einnahme von Bärlauch-Präparaten vernichtet wurde.
Bärlauch wirkt entgiftend: Haben sich im Körper schädliche Schwermetalle wie Schwefel, Blei und Cadmium angesammelt, so lassen sich diese durch Bärlauch-Präparate deutlich reduzieren.

2

▲ **Inhaltsstoffe** Bärlauchblätter weisen eine sehr hohe Konzentration von Schwefelverbindungen auf. Schwefel ist wichtig für die Bekämpfung der freien Radikale im Körper.
Wie alle Lauchgewächse enthält Bärlauch das geruchlose Alliin, das ebenfalls Schwefel enthält. Beim Zerkleinern der Blätter wird es in das charakteristisch riechende ätherische Öl Allicin umgewandelt wird. Dieses hat antibiotische (Bakterien tötende) Eigenschaften.
Bärlauch enthält einen hohen Anteil des Mineralstoffs Eisen sowie der Spurenelemente Mangan und Magnesium. Mangan beispielsweise ist wichtig für die Bildung von Knorpeln und Knochen.
Der Stoffwechselaktivator Adenosin, der eine Vielzahl von Prozessen im Körper steuert, ist im Bärlauch in höherer Konzentration als Im Knoblauch vorhanden. Senfölglykoside wirken verdauungsfördernd.

Bärlauch als Zaubertrank

Zur allgemeinen Stärkung des Organismus empfiehlt die Volksmedizin eine Bärlauch-Tinktur. Dafür etwa 100 g Bärlauchblätter klein schneiden und sofort zusammen mit 1 l 45 %igem Alkohol in ein verschließbares Gefäß geben. Das Ganze etwa zwei Wochen an einem warmen, sonnigen Platz stehen lassen. Die Tinktur anschließend filtern und in einer dunklen Flasche verschlossen aufbewahren. Davon täglich drei Mal zehn Tropfen vor dem Essen einnehmen.

Feine Bärlauch-Rezepte

Basics für die Küche

Mit Bärlauch zu kochen ist unkompliziert, wenn man ein paar Grundsätze beachtet. An erster Stelle stehen Frische und Geschmack: Wie können die empfindlichen Blätter am schonendsten aufbewahrt und verarbeitet werden, damit ihr zart-lauchiges Aroma erhalten bleibt? Die besten Tipps dazu finden Sie hier.

Alle Teile des Bärlauchs können in der Küche verwertet werden: Blätter, Zwiebeln, Knospen, Blüten und grüne Samen. Die Zwiebeln werden wie die weißen Knollen der Frühlingszwiebeln verarbeitet. Knospen, Blüten und Samen eignen sich vor allem zum Dekorieren. Selbst die harten Blattstiele können gegessen werden, wenn man sie wie Zwiebeln hackt und andünstet. Die vielfältigsten Verwendungsmöglichkeiten bieten jedoch die Blätter.

Tiefgefrorenen Bärlauch verwendet man am besten gehackt, da er nach dem Auftauen etwas matschig wird.

Vorbereitung der Bärlauchblätter

„Möglichst frisch, möglichst schonend" sollte das Motto für die Verarbeitung der Blätter lauten. Ob Sie nun Bärlauch auf dem Markt kaufen, im Wald gesammelt oder im eigenen Garten geerntet haben: Die Blätter sollten idealerweise am gleichen Tag verwendet werden, denn sie welken sehr schnell. Selbstverständlich müssen sie gründlich unter fließendem Wasser abgespült werden. Es sollte höchstens lauwarm sein, denn durch heißes Wasser werden die empfindlichen Blätter schlaff.
Je nach Rezept werden die Bärlauchblätter dann zerkleinert: Man schneidet sie einfach mit einem scharfen Messer quer in Streifen. Soll der Bärlauch feiner gehackt werden, geht es am schnellsten, wenn man

zunächst die Blätter längs halbiert und dann in feine Streifen schneidet. Wenn die Schnittflächen zu lange der Luft ausgesetzt werden, führt dies zu Oxidation und Geschmacksveränderungen – daher sollten die Blätter erst unmittelbar vor ihrer Verwendung klein geschnitten werden.

Bärlauch konservieren

Kann der Bärlauch nicht am selben Tag verarbeitet werden, lässt er sich ein bis zwei Tage im Kühlschrank aufbewahren. Am besten umwickelt man die Stiele mit feuchten Küchentüchern und legt den Bärlauch in einer gut verschlossenen Plastiktüte ins Gemüsefach. Über mehrere Monate haltbar machen kann man Bärlauch durch das Einlegen in Öl oder das Einfrieren. Das Trocknen empfiehlt sich nicht, da dadurch sehr viel Aroma verloren geht. Zur Haltbarmachung in Öl finden Sie Tipps und Rezepte auf den Seiten 32–33.
Um die Farbe des Bärlauchs besser zu erhalten, kann man ihn vor dem Einfrieren kurz blanchieren, also etwa 10 Sekunden in kochendes Wasser tauchen und danach in Eiswasser abschrecken.
Am besten schneidet man die Blätter vor dem Einfrieren klein, da sie nach dem Auftauen sowieso matschig sind und nicht mehr zum Dekorieren verwendet werden können. Die gehackten Blätter kann man in gut verschlossenen Tiefkühlbeuteln einfrieren – am besten schockgefrieren. Eine andere, sehr praktische Methode: Man gibt sie in Eiswürfelschalen, die mit Wasser aufgefüllt werden. Sobald die Kräuterwürfel gefroren sind, bewahrt man sie in Tiefkühlbeuteln auf. So kann man später ganz einfach kleine Mengen entnehmen.

Bärlauch *erst kurz vor seiner Verwendung kleinschneiden!*

SMART

Würzig kombiniert

- **Bärlauch** verträgt sich sehr gut mit Pfeffer und Muskat.
- **Wie Knoblauch** kann man ihn mit mediterranen Kräutern kombinieren, z.B. mit Oregano, Thymian und Basilikum. Rosmarin passt nicht so gut.
- **Der kräftige Geschmack** harmoniert auch mit Gewürzen der asiatischen Küche, z.B. mit Curry, Kurkuma oder Kreuzkümmel.

Haltbar gemacht: Öl & Pesto

Die Bärlauch-Saison ist Ihnen zu kurz, Sie bekommen auch noch im Sommer und Herbst Lust auf Bärlauch? Die Rezepte auf dieser Doppelseite helfen, den Genuss zu verlängern. Sie sind außerdem ideal, wenn Sie große Bärlauch-Ernten verarbeiten möchten. Der Vorteil der Konservierung in Öl: Das Aroma des Bärlauchs bleibt besser erhalten als beim Einfrieren oder Trocknen. Gleichzeitig können Öl und Pesto als Grundlage für viele Rezepte verwendet werden.

***Pesto:** eine ideale Grundlage für viele Rezepte.*

Einfaches Bärlauch-Pesto

Für 6 bis 8 Portionen

- **4 Bund Bärlauchblätter**
- **100 ml kalt gepresstes Olivenöl**
- **Salz**

1 Die Bärlauchblätter waschen, gründlich trocken tupfen und sehr fein hacken.
2 Die Blätter mit Öl verrühren und mit etwas Salz abschmecken. Das Pesto in ein sauberes Glas mit Schraubverschluss füllen.
3 Das Pesto hält sich in der Speisekammer oder im Kühlschrank einige Monate, wenn die Blätter immer mit Öl bedeckt sind. Im Kühlschrank wird die oberste Ölschicht etwas fest, doch bei Zimmertemperatur wieder flüssig.

Bärlauchöl

Zutaten für 1 Flasche à 1 l

- **etwa 25 Bärlauchblätter**
- **1 l kalt gepresstes Olivenöl**

1 Die Bärlauchblätter waschen, gründlich trocken tupfen. Die Stiele abschneiden und die Blätter quer in breite Streifen schneiden.
2 Die Blätter in eine saubere Flasche mit Schraubverschluss geben und mit dem Öl aufgießen. Das Öl an einem dunklen und kühlen Ort 4 bis 5 Wochen durchziehen lassen, dann die Bärlauchblätter herausnehmen.
3 Das Bärlauchöl an einem kühlen Ort wie der Speisekammer lagern. Es behält etwa 3 Monate sein volles Aroma. Man kann es auch in den Kühlschrank stellen.

SMART Tipp

› **Dieses Rezept** eignet sich, große Bärlauch-Ernten haltbar zu machen. Es ist vielseitig einsetzbar: Verfeinern Sie es z. B. zum Pesto alla genovese (siehe Rezept Seite 33), schmecken Sie damit Gemüse- oder Sahnesaucen ab, rühren Sie für einen gesunden Brotaufstrich einige Esslöffel unter einen Becher Magerquark oder marinieren Sie Grillfleisch damit – der Phantasie sind keine Grenzen gesetzt.

Dort wird es leicht trüb, doch gibt sich das bei Zimmertemperatur wieder. Bärlauchöl schmeckt köstlich auf geröstetem Weißbrot (Crostini).

Varianten

Auf die gleiche Weise kann man Bärlauchessig herstellen. Am besten verwendet man eine Essigsorte mit nur mildem Eigengeschmack, beispielsweise Weißweinessig. Der Essig passt besonders gut in eine Vinaigrette zu Blattsalaten.

Bärlauch-Pesto „alla genovese“

Für 6 bis 8 Portionen

- 4 Bund Bärlauchblätter
- 80 g Pinienkerne
- 50 g Parmesan oder Pecorino, frisch gerieben
- 100 ml kalt gepresstes Olivenöl
- Salz

1 Die Bärlauchblätter waschen, gründlich trocken tupfen. Die Stiele abschneiden und die Blätter sehr fein hacken.

2 Pinienkerne und Bärlauch in einen Mörser geben und zerkleinern. Erst den Käse, dann nach und nach das Öl unterrühren und mit Salz abschmecken.

Das Pesto alla genovese schmeckt nicht nur zu Nudelgerichten köstlich.

3 Das Pesto in ein sauberes Glas mit Schraubverschluss füllen.

4 Das Pesto hält sich in einem verschlossenen Gefäß 2 bis 3 Wochen im Kühlschrank.

5 Es passt als Sauce zu Nudeln und Gnocchi oder würzt eine Gemüsesuppe. Das Pesto sollten Sie nach dem Einfüllen noch mit einer Schicht Öl bedecken, damit es nicht verdirbt.

SMART Tipp

› **Achten Sie** bei der Herstellung von Öl und Pesto auf Sauberkeit: Die Blätter werden gründlich gewaschen und trocken getupft. Einmachgläser und Deckel werden zunächst gründlich gereinigt und dann möglichst heiß ausgespült. Die Gläser auf einem sauberen Küchenhandtuch abtropfen lassen.

Leckeres zum Brot

Ob mit Butter, Quark, Frischkäse oder anderen Milchprodukten hergestellt: Brotaufstriche mit Bärlauch sind rasch und unkompliziert zubereitet und bringen Abwechslung in die Küche. Frisches Vollkorn- oder Bauernbrot mit Bärlauchbutter oder -quark bestrichen, dazu Cocktailtomaten: fertig ist ein gesundes und schmackhaftes Abendessen. Auch viele warme Gerichte bekommen durch Bärlauch-Aufstriche einen besonderen Pfiff: Bärlauchbutter passt zu Grillfleisch, gegrilltem Gemüse oder Ofenkartoffeln, und Pellkartoffeln schmecken mit Bärlauchquark bärlauchig-frisch.

SMART Tipp

- **Die Bärlauchbutter** kann prima eingefroren werden.
- **Zum portionsweisen Einfrieren** von Kräuterbutter eignen sich Eiswürfelbehälter. Das ist besonders praktisch, wenn Sie jeweils nur kleine Portionen benötigen, z. B. zum Abschmecken von Gemüsegerichten oder als Beilage zu Grillfleisch.

Klassische Bärlauchbutter

Zutaten für 10 Portionen

- **25 g Bärlauchblätter**
- **250 g weiche Butter**
- **1 TL Zitronensaft**
- **Salz, Pfeffer aus der Mühle**

1 Die Bärlauchblätter waschen, gründlich trocken tupfen, die Stiele abschneiden und die Blätter sehr fein hacken.
2 Die Blätter mit der Butter verrühren und mit Zitronensaft, Salz und Pfeffer abschmecken.

Pikante Bärlauchbutter

Zutaten für 4 Portionen

- **7 EL gehackte Bärlauchblätter**
- **Salz, etwas Currypulver**
- **3 Knoblauchzehen**
- **Pfeffer aus der Mühle**
- **100 g weiche Butter**

1 Die Bärlauchblätter mit zwei Prisen Salz bestreuen, nochmals hacken oder wiegen und mit einer Gabel gut zerdrücken. Knoblauchzehen schälen und durch Knoblauchpresse drücken.
2 Bärlauch und Knoblauch mit Salz, Pfeffer und Curry verrühren und mit einer Gabel mit der weichen Butter gut vermengen. Die Bärlauchbutter im Kühlschrank fest werden lassen.

Bärlauch-Zaziki

Zutaten für 4 Portionen

- **250 g Quark (20 % F.i.Tr.)**
- **150 g Joghurt**
- **Salz, Pfeffer aus der Mühle**
- **1 Salatgurke**
- **½ Bund Bärlauchblätter, fein gehackt**
- **½ EL kalt gepresstes Olivenöl**

1 1 Quark mit Joghurt glatt rühren und mit Salz und Pfeffer abschmecken.
2 Die Salatgurke schälen, längs halbieren, Kerne herauskratzen und in dünne Scheiben schneiden.
3 1 Esslöffel Bärlauchblätter beiseite legen, den Rest zusammen mit den Gurkenscheiben unter das Zaziki heben. Das Zaziki mit Olivenöl und Bärlauchblättern bestreut servieren.

Bärlauch-Käse-Aufstrich

Zutaten für 4 Portionen

- 150 g Ziegenfrischkäse
- 150 g Vollmilchjoghurt
- 1 TL Zitronensaft
- Salz
- Pfeffer aus der Mühle
- 1 Hand voll Bärlauchblätter, fein gehackt

1 Den Ziegenfrischkäse mit dem Joghurt glatt rühren, dann mit Zitronensaft, Salz und Pfeffer abschmecken.
2 Zum Schluss die Bärlauchblätter unterheben.

Bärlauchquark

Zutaten für 4 Portionen

- 150 g Speisequark (40 % Fett i. Tr.)
- 250 g Speisequark (20 % Fett i. Tr.)
- 100 g Vollmilchjoghurt
- ½ unbehandelte Limette
- Kräutersalz
- Pfeffer aus der Mühle
- 1 Hand voll Bärlauchblätter, fein gehackt

1 Die beiden Quarksorten mit dem Joghurt glatt rühren. Den Saft der Limette auspressen, etwas von der Schale fein abreiben.
2 Limettensaft und -schale, Kräutersalz und Pfeffer unter die Quarkmischung rühren. Zum Schluss die Bärlauchblätter unterheben.

Schnell und raffiniert: Ziegenkäse-Bällchen.

Ziegenkäse-Bällchen

Zutaten für 4 Portionen

- 150 g Ziegenfrischkäse
- 4 EL Bärlauchblätter, fein gehackt
- evtl. Bärlauchblätter zum Garnieren

1 Aus dem Ziegenkäse kleine Bällchen formen. Den gehackten Bärlauch auf einen Teller streuen und die Bällchen rundherum darin wenden.
2 Die Blätter zum Garnieren waschen, trocken tupfen und die Stiele abschneiden. Einen Servierteller mit Bärlauchblättern auslegen, die Ziegenkäse-Bällchen darauf anrichten.

SMART Tipp

- Zusammen mit einem Tomatensalat und Vollkornbrot serviert sind die Käse-Bällchen ein schnelles und gesundes Abendessen.

Köstliche Suppen

Bärlauch-schaumsüppchen

Zutaten für 4 Portionen

- 1 Schalotte
- 2 EL Butter
- 1 große Kartoffel
- 500 ml Gemüsebrühe
- 3 EL trockener Weißwein
- 2 Scheiben altbackenes Weißbrot
- 80 g Bärlauchblätter
- Salz
- Pfeffer aus der Mühle
- 2 EL fein geschnittene Bärlauchblätter oder 4 Bärlauchblüten zum Dekorieren

1 Die Schalotte schälen und fein würfeln, in 1 Esslöffel Butter glasig dünsten. Die Kartoffel schälen, fein raspeln und dazugeben. Mit Brühe und Wein aufgießen und etwa 15 Minuten köcheln lassen.

SMART Tipp

- Die Suppe wird kräftiger im Geschmack, wenn Sie 50 g durchwachsenen, gewürfelten Speck zusammen mit der Schalotte andünsten.

2 Inzwischen die restliche Butter in einer Pfanne erhitzen. Das Weißbrot würfeln und darin goldbraun rösten, auf Küchenkrepp abtropfen lassen.
3 Die Bärlauchblätter waschen, trocken tupfen, die Stiele abschneiden, die Blätter grob hacken und in den Topf geben, unter Rühren kurz erwärmen. Die Suppe mit einem Pürierstab aufmixen und mit Salz und Pfeffer abschmecken. Mit den Croûtons und Bärlauchstreifen oder -blüten bestreut servieren.

Bärlauchsuppe

Zutaten für 4 Portionen

- 30–40 junge Bärlauchblätter
- 2 EL Distelöl oder Butter
- 3 EL Grünkern- oder Weizenmehl
- 1 l Gemüsebrühe
- Salz, Pfeffer aus der Mühle
- 2 EL Crème fraîche

1 Die Bärlauchblätter waschen, trocken tupfen, die Stiele abschneiden. Die Blätter fein hacken.
2 Das Öl oder die Butter in einem Suppentopf erhitzen und mit Mehl glatt rühren.
3 Mit Gemüsebrühe aufgießen und mit der Hälfte der Bärlauchblätter 3 Minuten köcheln. Restliche Bärlauchblätter zugeben und kurz weiterköcheln lassen.
4 Die Suppe mit Salz und Pfeffer abschmecken, mit einem Pürierstab pürieren und die Crème fraîche unterziehen. Die Suppe sofort servieren.

Bärlauch-Zwiebel-Suppe

Zutaten für 4 Portionen

- 250 g Bärlauchblätter und einige Bärlauchzwiebeln
- 4 Schalotten
- 40 g Butter
- 750 ml Gemüsebrühe
- 200 ml süße Sahne
- Salz, Pfeffer aus der Mühle
- 50 g Crème fraîche

1 Die Bärlauchblätter waschen und gut trocken tupfen, dann in feine Streifen schneiden. Die Bärlauchzwiebeln waschen und putzen. Die Schalotten schälen, Bärlauchzwiebeln und Schalotten fein würfeln.
2 Die Butter in einem Topf erhitzen, Zwiebeln und

Schnell zubereitet und variantenreich: Bärlauchsuppen.

Schalotten darin andünsten, mit der Brühe aufgießen und bei mittlerer Hitze etwa 8 Minuten köcheln lassen.

3 Die Bärlauchblätter zufügen, kurz erhitzen und mit dem Pürierstab pürieren. Die Sahne unterziehen, die Suppe mit Salz und Pfeffer abschmecken. Die Bärlauch-Zwiebel-Suppe auf Teller verteilen und mit je 1 Klecks Crème fraîche garniert servieren.

Variante

Ergänzen Sie die Suppe durch 80 g in Streifen geschnittenes Räucherforellen-Filet oder Bündner Fleisch. Die Crème fraîche können Sie dann weglassen.

SMART

Achtung

› Bitte graben Sie niemals Bärlauchzwiebeln im Wald aus, denn dies schädigt das Ökosystem. Verwenden Sie für dieses Rezept nur Zwiebeln aus dem eigenen Garten.

Raffinierte Vorspeisen

Endlich Frühling – in dieser Jahreszeit sehnt sich das Auge nach frischem Grün und der Körper nach gesunden Gerichten, die seine Lebensgeister wecken. Die Vorspeisen und Snacks auf den folgenden Seiten bieten wintermüden Menschen daher beides: Augenschmaus und Gaumenfreuden.

Dekorativ und lecker: die Bärlauchröllchen.

Neben Bärlauch haben jetzt auch viele andere Kräuter Saison. Es bietet sich also an, ein wenig zu experimentieren und Bärlauch zu kombinieren, beispielsweise mit Löwenzahn oder Gänseblümchen. Kurze Porträts einiger Frühlingskräuter finden Sie auf der nächsten Seite.

Bärlauchröllchen mit Kräuter-Frischkäsecreme

Zutaten für 4 Portionen

- **10 Bärlauchblätter**
- **etwas Schnittlauch**
- **250 g Doppelrahm-Frischkäse**
- **Salz**
- **Pfeffer aus der Mühle**
- **etwa 45 Bärlauchblätter zum Einrollen**
- **einige Bärlauch-Blütenstängel zum Verzieren**

1 10 Bärlauchblätter und den Schnittlauch waschen, gut trocken tupfen und fein hacken. Mit dem Frischkäse zu einer homogenen Masse verrühren und mit Salz und Pfeffer abschmecken.

2 Die Bärlauchblätter zum Einrollen waschen, gut trocken tupfen und die Stiele abschneiden. Je 3 Blätter überlappend auf eine Arbeitsfläche legen, je 1 bis 2 Esslöffel des Kräuter-Frischkäses darauf geben und die Blätter zu Röllchen zusammenrollen oder zu Päckchen einschlagen.

3 Röllchen oder Päckchen mit Blütenstängeln verschließen, dafür die Löcher mit einem Zahnstocher vorstechen.

Variante

Raffiniert schmeckt auch eine Lachscreme als Füllung. Pürieren Sie dafür 100 g Räucherlachs. Das Lachspüree wird mit 100 g Doppelrahm-Frischkäse, 50 g Crème fraîche und 1 TL Zitronensaft verrührt. Dann 10 gehackte Bärlauchblätter unterheben und die Creme mit Salz und Pfeffer abschmecken.

SMART Tipp

- Eine köstliche Vorspeise und der Renner auf jedem Buffet! Die Kräuter-Frischkäsecreme ist im Kühlschrank 1 bis 2 Tage haltbar.

Frühlingskräuter

Kombinieren Sie doch einmal andere Kräuter, die jetzt Saison haben, mit Bärlauch. Wenn Sie diese in der Natur sammeln, gilt natürlich auch hier: Bitte ernten Sie nur Pflanzen, die Sie ganz genau kennen!

- **Gänseblümchen:** Man kann die Knospen, Blüten und Blätter verwerten.
- **Löwenzahn:** Die jungen Blättchen können vor oder während der Blüte geerntet werden. Milder als wild wachsender Löwenzahn schmeckt der kultivierte. Sie bekommen ihn im gut sortierten Gemüsehandel oder auf dem Wochenmarkt.
- **Brunnenkresse:** Das Kraut wächst an Fließgewässern, ist aber auch auf dem Markt erhältlich. Die Saison dauert von Februar bis April. Da Brunnenkresse sehr scharf schmeckt, sollte man sie vorsichtig dosieren.
- **Sauerampfer:** Er wächst auf feuchten Wiesen, kann aber auch im Garten angebaut werden. Die beste Erntezeit für die jungen Blätter ist im März/April vor der Blüte. Sauerampfer verdankt der Oxalsäure seinen typischen sauren Geschmack.

Der Frühlingssalat mit Bärlauch ist der ideale Auftakt für ein leichtes Menü.

Frühlingssalat mit Bärlauch

Zutaten für 4 Portionen

- 200 g junger Spinat
- 1 Kopfsalatherz
- 60 g helle Löwenzahnblätter
- 1 Bund Bärlauchblätter
- 2 mittelgroße Karotten
- einige Gänseblümchenblüten

Für das Dressing

- 4 EL Sherryessig
- 1–2 TL Dijonsenf
- Salz
- Pfeffer aus der Mühle
- 10 EL Traubenkernöl

1 Den Spinat gut waschen, verlesen, entstielen und trocken tupfen. Kopfsalat, Löwenzahn und Bärlauch waschen und trocken tupfen. Karotten putzen, schalen und in dünne Streifen schneiden.

2 Essig mit Senf, Salz und Pfeffer verrühren und das Öl unterrühren.

3 Kopfsalat, Löwenzahn, Spinat, Bärlauch- und Karottenstreifen dekorativ auf Tellern verteilen und mit der Vinaigrette beträufeln. Mit Gänseblümchen garnieren.

Schnelle Snacks

Avocado mit Bärlauch-Aioli

Zutaten für 4 Portionen

- 10 große oder 15 kleine Bärlauchblätter
- 4 EL Mayonnaise
- 4 EL Joghurt
- 2–3 EL Ketchup
- 2 Avocados
- Zitronensaft zum Beträufeln
- 8 Garnelen, geschält und entdarmt

1 Die Bärlauchblätter waschen, trocken tupfen und die Stiele abschneiden. Den Bärlauch sehr fein schneiden oder mit dem Pürierstab zerkleinern. Mit Mayonnaise, Joghurt und Ketchup zu einer homogenen Creme verrühren.
2 Die Avocados halbieren, die Steine entfernen, das Fruchtfleisch mit etwas Zitronensaft beträufeln. Die Aioli und die Garnelen auf die Avocadohälften verteilen.

> **SMART Tipp**
>
> › Die Aioli eignet sich auch als Cocktailsauce für Krabben- oder Geflügelsalat. Als Variante kann man noch Dillspitzen dazugeben.

Tomaten und Mozzarella mit Bärlauch-Pesto

Diese Variation des bekannten Insalata Caprese ist einfach und schnell gemacht und sieht sehr dekorativ aus.

Zutaten für 4 Portionen

- 10 bis 15 schöne Bärlauchblätter
- 6 Fleischtomaten
- 300 g Büffelmozzarella
- Bärlauch-Pesto „alla genovese" (S. 33)
- 2 EL Pinienkerne
- 1 EL fein gehackte Bärlauchblätter

1 Die Bärlauchblätter waschen und trocken tupfen, die Stiele abschneiden. Die Blätter sternförmig auf eine Servierplatte oder einem großen Teller legen, so dass sie etwas über den Rand hinausragen.
2 Die Tomaten waschen und in gleich dicke Scheiben schneiden, dabei die grünen Stielansätze herausschneiden. Den Mozzarella abtropfen lassen und ebenfalls in gleich dicke Scheiben schneiden. Tomaten und Mozzarella dachziegelartig auf der Servierplatte anrichten. Das Bärlauch-Pesto mit einem Teelöffel darauf verteilen.
3 Die Pinienkerne in einer Pfanne ohne Fett kurz anrösten. Das Gericht mit Pinienkernen und gehackten Bärlauchblättern bestreut servieren.

Büffelmozzarella schmeckt etwas säuerlicher und aromatischer als der aus Kuhmilch hergestellte, ist allerdings auch weicher und lässt sich daher nur mit einem sehr scharfen Messer in schöne Scheiben schneiden.

Der Geschmack dieses Gerichtes hängt stark von der Qualität der Tomaten ab. Am besten schmeckt es daher im Sommer, wenn es reife Freilandtomaten aus der Region oder dem eigenen Garten gibt.

Avocado mit Bärlauch-Aioli: ein schneller, trotzdem raffinierter Snack.

Gemüse

Bärlauch mit seinem intensiven Geschmack eignet sich hervorragend für die Gemüseküche, da er viel Aroma liefert und das Essen mit ihm garantiert nicht fad wird. Er ist ein hervorragender Begleiter zu Sommergemüse wie Tomaten, Zucchini, Auberginen und Paprika. Um im Sommer Bärlauch vorrätig zu haben, empfiehlt es sich, im Frühjahr reichlich Pesto zuzubereiten. Aber auch das klassische Frühlingsgemüse Spargel verbindet sich mit Bärlauch zu einer aromatischen Geschmackskomposition, allerdings sollte der Bärlauch mit Fingerspitzengefühl eingesetzt werden, damit er nicht dominiert.

Gebratener grüner Spargel mit Bärlauch-Vinaigrette

- **2 Eier**
- **750 g grüner Spargel**
- **1 Schalotte**
- **6 EL kalt gepresstes Olivenöl**
- **Salz**
- **Pfeffer aus der Mühle**
- **2–3 EL Balsamico-Essig**
- **Zucker**
- **2 EL Bärlauchblätter, fein gehackt**

1 Die Eier in 10 Minuten hart kochen, dann kalt abschrecken und schälen.
2 Die Enden vom Spargel abschneiden und den Spargel im unteren Drittel schälen, dann die Stangen in etwa fingerlange Stücke schneiden. Die Schalotte schälen und fein würfeln.
3 2 Esslöffel Olivenöl in einer Pfanne erhitzen und die Spargelstücke darin unter Wenden bei mittlerer Hitze etwa 3 Minuten braten, dann herausnehmen und leicht mit Salz und Pfeffer würzen.
4 Im verbliebenen Öl die Schalottenwürfel glasig dünsten. Die Pfanne vom Herd nehmen, mit Balsamico ablöschen und das restliche Olivenöl darunter schlagen. Das Dressing mit Salz, Pfeffer und Zucker abschmecken.
5 Zum Schluss die Bärlauchblätter unter das Dressing heben. Den Spargel mit dem Dressing mischen, auf Tellern anrichten. Die Eier fein hacken und darüber streuen.

SMART Tipps

- **Reichen Sie** als Beilage junge, in der Schale gekochte Kartoffeln.
- **Es müssen** nicht immer Sauce Hollandaise oder zerlassene Butter zum Spargel sein! Die Bärlauch-Vinaigrette ist eine kalorienärmere und gesunde Alternative.

Bärlauchgemüse Indische Art

Zutaten für 4 Portionen

- **500 g Bärlauchblätter**
- **2 Zwiebeln**
- **1 Stück frische Ingwerknolle, etwa 3 cm lang**
- **1 Knoblauchzehe**
- **2 EL Butterschmalz**
- **1 Msp. Chilipulver**
- **½ TL gemahlener Kreuzkümmel (Cumin)**
- **½ TL gemahlener Kurkuma (Gelbwurz)**
- **½ TL gemahlener Koriander**
- **200 ml süße Sahne**
- **Salz**

1 Den Bärlauch waschen und trocken tupfen, die Stiele abschneiden. Die Zwiebeln schälen und in dünne Ringe schneiden.

Die ideale Vermählung zweier Frühlingsgenüsse: Grüner Spargel mit Bärlauch-Vinaigrette.

Ingwer und Knoblauch schälen und sehr fein hacken.

2 Das Butterschmalz erhitzen und die Gewürze bei starker Hitze kurz anrösten. Zwiebeln, Knoblauch und Ingwer zugeben und bei mittlerer Hitze weich dünsten.

3 Den Bärlauch portionsweise zufügen und unter vorsichtigem Rühren kurz zusammenfallen lassen (wie Spinat). Bärlauch verliert beim Garen an Aroma, daher sollte er nur möglichst kurz erhitzt werden. Anschließend die Sahne zugießen, kurz aufkochen lassen, eventuell mit Salz abschmecken und sofort servieren.

SMART Tipps

- Das Gemüse schmeckt zu Basmati-Reis oder Kartoffeln.
- Liebhaber der Vollwert-Küche sollten dazu auch einmal Naturreis oder Getreidebratlinge probieren.

Kartoffelgerichte

Bärlauch passt zu eigentlich allem – sagen eingeschworene Bärlauch-Liebhaber. Das würden wir nicht behaupten, aber er lässt sich durchaus mit vielem kombinieren: Lassen Sie sich von unseren Vorschlägen für Hauptgerichte mit Kartoffeln, Nudeln, Reis, Getreide, Fleisch und Fisch überzeugen!

Bärlauch-Kartoffel-Gratin

Zutaten für 4 Portionen

- 750 g fest kochende Kartoffeln
- Salz
- 100 g Bärlauch
- 200 g frischer Blattspinat
- 2 Schalotten
- 40 g Butter
- Pfeffer aus der Mühle
- Muskatnuss, frisch gerieben
- 1 Eigelb
- 250 ml süße Sahne
- 50 g Grano Padano oder Bergkäse, frisch gerieben

1 Die Kartoffeln bürsten und als Pellkartoffeln in Salzwasser 20 bis 25 Minuten garen. Abkühlen lassen, schälen und in Scheiben schneiden.

2 Den Bärlauch und den Spinat entstielen, waschen und trocken tupfen, den Bärlauch in 5 mm breite Streifen schneiden. Die Schalotten schälen und fein würfeln.

3 30 g Butter in einer Pfanne zerlassen. Die Schalotten darin andünsten, ohne sie zu bräunen. Spinat und Bärlauch zufügen und ganz kurz unter Rühren zusammenfallen lassen, mit Salz, Pfeffer und Muskat würzen.

4 Eigelb und Sahne miteinander verquirlen und mit dem Gemüse mischen.

5 Eine Auflaufform mit der restlichen Butter fetten, Kartoffelscheiben dachziegelartig hineinlegen und die Gemüsemischung darauf verteilen. Mit dem Käse bestreuen. Das Gratin im vorgeheizten Backofen bei 200 °C etwa 15 Minuten überbacken.

Bärlauch-Gnocchi mit Tomaten

Zutaten für 4 Portionen

Für die Gnocchi

- 1 Pk. Kartoffelklöße halb und halb
- 50 g Bärlauchblätter
- 25 g Mehl und etwas Mehl für die Arbeitsfläche
- Salz
- Muskatnuss, frisch gerieben
- Pfeffer aus der Mühle

Für die Sauce

- 400 g Kirschtomaten
- 2 Schalotten
- 2 EL Rapsöl
- 30 g Kapern
- 50 g Butter

1 Das Kloßmehl nach Packungsanleitung mit Wasser anrühren und ausquellen lassen. Inzwischen Bärlauch waschen, trocken tupfen und bis auf 1 Blatt klein schneiden. Mehl, Bärlauch, Salz, Muskatnuss und Pfeffer unter den Kloßteig kneten.

2 Den Kartoffelteig auf bemehlter Arbeitsfläche zu langen, etwa 2 cm dicken Rollen formen, davon etwa 1,5 cm dicke Scheiben abschneiden und mit einer bemehlten Gabel das typische Gnocchimuster hineindrücken. Die Gnocchi in reichlich kochendes Salzwasser geben und 5 Minuten bei schwacher Hitze ziehen lassen.

Schnell zubereitet sind diese raffinierten Bärlauch-Gnocchi.

3 Die Tomaten waschen und vierteln. Die Schalotten schälen, fein hacken und im Öl glasig dünsten. Die Tomaten zufügen und etwa 5 Minuten schmoren, mit Salz und Pfeffer abschmecken. Die Kapern trocken tupfen. Das Bärlauchblatt in Streifen schneiden.

4 Die Butter in einer Pfanne erhitzen, die Kapern zufügen und darin erwärmen. Die Gnocchi abgießen, gut abtropfen lassen und in der Pfanne 5 Minuten braten. Die Gnocchi zusammen mit den Tomaten und den Bärlauchstreifen servieren.

Variante

Sehr gut schmecken die Gnocchi auch mit einer Gorgonzola-Sahne-Sauce. Dafür 150 g Gorgonzola in Stücke schneiden, 150 g süße Sahne in einem Topf erhitzen. Gorgonzola und 150 g Crème fraîche dazugeben und unter Rühren schmelzen lassen. Die Sauce mit Salz und Pfeffer abschmecken und bei geringer Hitze etwas einkochen lassen, dabei ständig rühren.

Pasta

Nudeln lassen sich ideal mit Bärlauch kombinieren, da sie nur wenig Eigengeschmack haben und daher einen kräftigen Begleiter vertragen. Bärlauch passt sowohl zu Käse-Sahne- als auch zu Gemüsesaucen. Experimentieren Sie einfach, indem Sie Ihre Lieblingssaucen abwandeln. Auch hier gilt: Den Bärlauch erst kurz vor Ende der Garzeit unterheben, um sein Aroma zu erhalten. Und wenn Sie intensiven Bärlauchgeschmack schätzen, bestreuen Sie das Gericht vor dem Servieren noch zusätzlich mit frischem Bärlauch.

Farfalle mit Bärlauch-Vinaigrette sind ein idealer Party-Salat.

Farfalle mit Bärlauch-Vinaigrette

Zutaten für 4 Portionen

- 250 g Farfalle (Schmetterlingsnudeln)
- 200 g Kirschtomaten
- einige schwarze Oliven

Für die Sauce

- 40 g Bärlauchblätter
- 3 EL Balsamico-Essig
- 8 EL Oliven- oder ein anderes Pflanzenöl
- 1 EL Mayonnaise
- 1 EL Joghurt
- 1 EL Tomatenketchup
- Salz oder Kräutersalz
- Pfeffer aus der Mühle

1 Die Farfalle weich kochen, abgießen und mit kaltem Wasser abschrecken, abkühlen lassen.

2 Die Kirschtomaten waschen und halbieren.

3 Bärlauchblätter waschen, trocken tupfen, die Stiele abschneiden, die Blätter klein hacken und mit den anderen Zutaten für die Sauce gut verrühren.

4 Die abgekühlten Farfalle gut mit der Sauce mischen und mit den Kirschtomaten und den schwarzen Oliven garnieren. Den Salat einige Stunden im Kühlschrank durchziehen lassen.

Zucchini-Bärlauch-Nudeln

Zutaten für 4 Portionen

- 1 Bund Bärlauch
- Salz
- 500 g Penne
- 1 EL kalt gepresstes Olivenöl
- 1 Schalotte, fein gewürfelt
- 125 g durchwachsener Speck, fein gewürfelt
- 1 rote Paprikaschote, fein gewürfelt
- 500 g kleine Zucchini, in 1 cm dicken Scheiben
- 125 g süße Sahne
- 125 g Crème fraîche
- Pfeffer aus der Mühle
- 100 g Parmesan oder Grano padano, frisch gerieben

1 Den Bärlauch waschen und trocken tupfen, die Stiele abschneiden und die Blätter in Streifen schneiden.
2 Reichlich Salzwasser in einem großen Topf aufkochen. Die Penne darin nach Packungsanleitung bissfest garen. Inzwischen das Öl in einer großen Pfanne erhitzen und Schalotten- und Speckwürfel darin etwa 3 Minuten dünsten.
3 Paprikawürfel und Zucchinischeiben dazugeben und kurz andünsten, dann Sahne und Crème fraîche zufügen. Alles etwa weitere 5 Minuten garen. Die Sauce mit Salz und Pfeffer abschmecken und die Bärlauchblätter unterheben. Die Penne abgießen, abtropfen lassen und zusammen mit der Gemüsesauce servieren. Den geriebenen Käse dazu reichen.

Gemüse-Spaghettini sind ein schnelles, raffiniertes Frühlingsgericht.

Gemüse-Spaghettini mit Bärlauch-Pesto

Zutaten für 4 Portionen

- 3 Karotten
- 4 mittelgroße Zucchini
- 2 Tomaten
- 4 EL Pinienkerne
- Salz
- 500 g Spaghettini
- 1 EL Olivenöl
- Pfeffer aus der Mühle
- 4–6 EL einfaches Bärlauchpesto (Rezept S. 32)
- 80 g Parmesan, frisch gehobelt

1 Karotten und Zucchini putzen, waschen und mit einem Sparschäler in lange Streifen schneiden.
2 Tomaten am Stielansatz kreuzweise einschneiden, mit kochendem Wasser überbrühen, enthäuten, entkernen und das Fruchtfleisch würfeln.
3 Die Pinienkerne in einer Pfanne ohne Fett rösten.
4 Wasser in einem großen Topf aufkochen, Salz und Spaghettini hinzufügen und nach Packungsanweisung bissfest garen.
5 Inzwischen die Gemüsestreifen in einer Pfanne im Olivenöl bei mittlerer Hitze bissfest garen, leicht mit Salz und Pfeffer würzen.
6 Die Nudeln abgießen, abtropfen lassen und sofort in einer großen Schüssel mit den Gemüsestreifen, den Tomatenwürfeln und dem Bärlauchpesto mischen.
7 Das Gericht auf Tellern anrichten, mit den Pinienkernen bestreuen und den Parmesan dazu reichen.

Eiernudeln

Ob auf schwäbische oder italienische Art: Selbst hergestellte Eiernudeln schmecken einfach unübertroffen lecker – und bekommen durch Bärlauch besonderen Pfiff.

Ravioli mit Bärlauchfüllung

Zutaten für 4 Portionen

Für den Teig

- 300 g Mehl, 3 Eier
- 1 Prise Salz, 3 EL Öl
- Mehl zum Ausrollen
- 1 EL Milch und 1 Eigelb
- Olivenöl für das Kochwasser

Für die Füllung

- 200 g Ricotta
- 50–60 g Bärlauchblätter, fein gehackt
- 50 g Parmesan, frisch gerieben
- 2 EL Semmelbrösel
- Salz, Pfeffer aus der Mühle
- Muskatnuss, frisch gerieben

1 Aus Mehl, Eiern, Salz und Öl einen geschmeidigen Teig kneten, abgedeckt 1 Stunde ruhen lassen.
2 Für die Füllung Ricotta zerbröseln. Mit Bärlauch, Parmesan und Semmelbröseln mit einer Gabel gut vermengen, mit Salz, Pfeffer und Muskat abschmecken.
3 Den Teig nochmals durchkneten, auf einem bemehlten Backbrett hauchdünn ausrollen. Mit einem Backrädchen in Quadrate von etwa 5 cm Seitenlänge schneiden oder mit einem Glas Kreise von etwa 5 cm Durchmesser ausstechen.
4 Milch und Eigelb verquirlen, die Teigränder damit bestreichen, je ein Häufchen der Füllung darauf setzen und Teigränder gut zusammendrücken.
5 Reichlich Salzwasser mit etwas Öl aufkochen und die Ravioli 3 bis 5 Minuten darin garen. Wenn sie an die Oberfläche aufsteigen, mit dem Schaumlöffel herausheben und warm stellen.

SMART Tipp

› Dazu schmeckt eine Weißwein-Sahne-Sauce oder einfach zerlassene Butter.

Käsespätzle mit Bärlauch

Zutaten für 4 Portionen

- 8 Eier
- 100 ml Mineralwasser
- 500 g Mehl
- Salz
- Muskatnuss, frisch gerieben
- 2 Zwiebeln, in Ringe geschnitten
- 40 g Butter
- 200 g Allgäuer Bergkäse, gerieben
- 80 g Bärlauch, in Streifen geschnitten
- Pfeffer aus der Mühle

1 Eier mit Mineralwasser verquirlen, nach und nach das Mehl dazusieben. Den Teig mit einem Kochlöffel so lange rühren, bis er Blasen wirft. Mit Salz und Muskat würzen.
2 Reichlich Salzwasser in einem großen Topf aufkochen. Ein Spätzlebrett und ein Messer in Wasser tauchen, eine Portion Teig auf das Brett streichen und in feinen Streifen in das Wasser schaben.
3 Die Spätzle sind gar, wenn sie oben schwimmen. Mit einer Schaumkelle

Ravioli selbst zu machen ist gar nicht so kompliziert.

herausnehmen, abtropfen lassen und abschrecken.

4 Die in Ringe geschnittenen Zwiebeln in Butter in einer großen Pfanne dünsten. Die Spätzle unter Wenden kurz mitschwenken. Ein Drittel des Käses und des Bärlauchs unter die Spätzle mischen, mit Salz, frisch geriebenem Muskat und Pfeffer würzen.

5 Die Spätzle in eine ofenfeste Form geben, mit dem übrig gebliebenen Käse bestreuen und im vorgeheizten Backofen bei 200 °C etwa 5 Minuten überbacken. Mit dem restlichen Bärlauch bestreut servieren.

Polenta und Risotto

Polenta und Risotto sind klassische Spezialitäten der norditalienischen Küche. Polenta besteht aus Maisgrieß, der mit Wasser zu einem dicken Brei gekocht wird. Beiden Gerichten gemeinsam ist, dass sie Aufmerksamkeit und Zeit bei der Zubereitung verlangen, denn beim Kochen von Maisgrieß oder Reis muss man neben dem Herd stehen und ständig rühren. Wobei sich die Garzeit von Polenta stark verkürzt, wenn man schnell kochenden Grieß verwendet. Der würzige Bärlauch, frisch oder als Pesto, lässt sich für viele Polenta- und Risottorezepte verwenden.

SMART Tipps

- **Dazu schmeckt** ein gemischter bunter Salat.
- **Sie können** die Polenta nach dem Kochen auch einfach wie einen Kuchenteig auf ein gefettetes Backblech streichen und belegen. Das Gericht sieht dann zwar nicht ganz so dekorativ aus, ist aber schneller fertig.

Pikante Polentataler

Zutaten für 4 Portionen

- 150 g getrocknete Tomaten
- 1 l Milch
- 60 g Butter
- Salz
- Muskatnuss, frisch gerieben
- 250 g schnell kochender Polentagrieß
- 4 Eigelbe
- Fett für das Backblech
- 250 g Halloumi
- Bärlauch-Pesto alla genovese (Rezept S.33) nach Geschmack

1 Die Tomaten in lauwarmem Wasser einweichen. Milch mit Butter, etwas Salz und Muskat aufkochen. Den Polentagrieß nach und nach unter Rühren einstreuen. Aufkochen und unter Rühren etwa 5 Minuten ausquellen lassen, bis ein dicker Brei entstanden ist, der sich leicht vom Topfboden löst.
2 Den Brei etwas abkühlen lassen, dann die Eigelbe unterrühren. Den Brei zwischen Frischhaltefolie etwa 1 cm dick ausrollen und 5 Minuten kalt stellen.
3 Die obere Folie abziehen und aus der Polenta Kreise von etwa 5 cm Durchmesser ausstechen. Den Backofengrill vorheizen.
4 Die Polentataler auf ein gefettetes Backblech legen. Den Halloumi in etwa 1 cm dicke Scheiben, dann in Rechtecke schneiden. Die Tomaten in einem Sieb ausdrücken und in kleine Stücke schneiden. Beides auf den Polentatalern verteilen, jeweils einen Klacks Bärlauch-Pesto darauf geben und unter dem Grill etwa 5 Minuten überbacken.

Ein dekoratives Gästeessen: Polentataler

Grüner Risotto

Zutaten für 4 Portionen

- 2 Schalotten
- 250 g kleine Zucchini
- 50 g Speck
- 1 EL Olivenöl
- 1 EL Butter
- 400 g Risotto-Reis
- 50 ml trockener Weißwein

- 500 ml heiße Fleischbrühe
- 100 g Bärlauchblätter
- Salz, Pfeffer aus der Mühle
- 50 g Parmesan, frisch gerieben
- 40 g Butter in Flöckchen

1 Schalotten schälen und fein würfeln, Zucchini waschen, putzen und in dünne Scheiben schneiden, den Speck fein würfeln.

2 Öl und Butter in einer großen Pfanne erhitzen und Schalotten mit Speck darin andünsten, bis die Schalotten etwas Farbe angenommen haben. Die Zucchini andünsten und den Reis zufügen.

3 Reis andünsten, bis die Körnchen gleichmäßig mit Fett überzogen sind. Den Weißwein zufügen, dann schöpfkellenweise unter Rühren die Brühe angießen. Den Reis in etwa 20 Minuten unter ständigem Rühren bissfest garen.

4 Inzwischen den Bärlauch waschen, trocken tupfen, die Stiele abschneiden und die Blätter in etwa 1 cm breite Streifen schneiden. Wenn der Reis gar ist, den Bärlauch unterziehen und den Risotto mit Salz und Pfeffer abschmecken.

5 Zum Schluss Parmesan und Butter unterziehen.

Risotto bekommt durch Bärlauch eine köstliche Würze.

SMART

So gelingt Risotto

› Verwenden Sie für die Zubereitung speziellen Risotto-Reis, z. B. die Sorten Vialone, Arborio oder Carnaroli. Der Reis soll unter ständigem Rühren langsam ausquellen, er darf also keinesfalls sprudelnd kochen. Neue Flüssigkeit wird erst dann zugegeben, wenn die vorhandene vom Reis aufgesogen ist. Der Risotto ist perfekt, wenn die Reiskörner innen noch bissfest sind und der Risottobrei eine cremige Konsistenz hat, so dass er an einem Holzlöffel kleben bleibt.

Tartes und Crêpes

Auf dieser Doppelseite zeigen wir Ihnen, wie Sie Klassiker aus der französischen Küche mit Bärlauch zubereiten können. Tartes sind ein ideales Gästeessen, denn Teig und Belag können vorbereitet werden, so dass man später das Gericht nur noch in den Ofen schieben muss. Wenn einmal wenig Zeit ist, kann man auch Tiefkühl-Blätterteig verwenden. Crêpes lassen sich am besten in einer Crêpespfanne zubereiten, die beschichtet ist und einen niedrigen Rand hat.

Die Bärlauch-Tartes sind ein ideales Gästeessen.

Pikante Bärlauch-Tartes

Zutaten für 4 Portionen

Für den Teig

- 80 g Magerquark
- 3 EL Wasser (36 g)
- 3 EL Olivenöl (30 g)
- 160 g Mehl, Salz
- 2 gestr. TL Backpulver
- Fett für die Form
- 500 g Hülsenfrüchte zum Blindbacken

Für die Füllung

- 200 g Ricotta
- 2 Eigelb
- 6 EL einfaches Bärlauch-Pesto (Rezept S. 32)
- Salz, Pfeffer aus der Mühle
- 2 Räucherforellen-Filets
- 2 EL Bärlauchblätter, fein gehackt

1 Quark mit Wasser, Öl, Mehl, Salz und Backpulver zu einem geschmeidigen Teig verkneten. Den Teig abgedeckt etwa 1 Stunde kühl stellen.

2 Ricotta mit Eigelb und Bärlauch-Pesto verrühren, mit Salz und Pfeffer abschmecken.

3 4 kleine Tarteförmchen (15 cm Ø) oder 1 große (26 cm Ø) fetten, den Teig ausrollen und die Förmchen damit auslegen. Mit Alufolie auslegen, die Linsen hineingeben und den Teig im vorgeheizten Backofen bei 180 °C etwa 5 Minuten blind backen.

4 Linsen und Folie herausnehmen und die Ricotta-Bärlauch-Füllung in die Förmchen verteilen. Die Forellenfilets in Stücke schneiden und hineindrücken. Die Törtchen nochmals etwa 10 Minuten backen. Etwas abkühlen lassen, aus den Förmchen herausnehmen und mit Bärlauch bestreut servieren.

SMART Tipp

› **Da für das Gelingen** des Quark-Öl-Teigs exakte Flüssigkeitsmengen wichtig sind, sollten Sie bei der ersten Zubereitung Wasser und Öl abwiegen, da Esslöffel unterschiedliche Größen haben.

Überbackene Bärlauch-Crêpes

Zutaten für 4 Portionen

Für die Crêpes

- 2 Eier
- 125 ml Milch
- 60 g Weizenmehl
- 20 g flüssige Butter
- Salz
- Muskatnuss, frisch gerieben
- etwas Öl zum Backen

Für die Füllung

- 200 g Bärlauch
- 150 g Schafskäse
- 2 Schalotten, fein gewürfelt
- 150 g gekochter Schinken, fein gewürfelt
- 2 TL Olivenöl
- getr. Oregano
- Salz
- Pfeffer aus der Mühle
- Butter für die Form

Besonders raffiniert: *Die gefüllten Crêpes werden kurz im Ofen gratiniert.*

1 Eier, Milch, Mehl und Butter zu einem glatten Teig verrühren, mit Salz und Muskat würzen und den Teig 30 Minuten ruhen lassen.

2 Den Bärlauch waschen und trocken tupfen, die Stiele abschneiden. 8 Blätter beiseite legen, den Rest grob hacken.

3 Vom Schafskäse 4 dünne Scheiben abschneiden, halbieren und beiseite legen. Den restlichen Schafskäse fein würfeln.

4 Eine beschichtete Pfanne mit etwas Öl auspinseln und ein wenig von dem Teig mit einer Schöpfkelle hineingießen. Daraus bei mittlerer Hitze einen Crêpe backen. Den Crêpe wenden, wenn der Teig oben fast gestockt ist. Auf diese Weise 8 Crêpes backen und auf Küchenpapier abtropfen lassen.

5 Die Schalotten in Olivenöl glasig dünsten. Den Schinken kurz mitbraten. Schafskäsewürfel und Bärlauch vorsichtig unterrühren und die Pfanne von der Kochstelle ziehen. Die Füllung mit Oregano, Salz und Pfeffer würzen.

6 Den Backofen auf 180 °C vorheizen. Die Füllung auf den Crêpes verteilen und diese zusammenrollen. Eine ofenfeste Form mit Butter ausstreichen, die Crêpes hineinlegen und mit je 1 Bärlauchblatt und 1 Käsescheibe belegen. Im Backofen 5 Minuten überbacken.

Knödel und Klöße

Für die Zubereitung dieser kugelrunden Köstlichkeiten braucht man etwas Erfahrung, denn die Konsistenz des Teiges kann immer etwas anders ausfallen. Daher empfiehlt es sich, zunächst einen kleinen Probeknödel zu kochen. Zerfällt er, gibt man noch etwas Mehl oder Grieß zum Teig. Ist er zu hart, fügt man ein wenig heiße Milch zu.

Wildkräuterknödel

Zutaten für 4 Portionen

- 60 g Schinkenspeck, fein gewürfelt
- 10 g Butter
- 250 g junge Wildkräuter (z. B. Löwenzahn, Brennnessel, Taubnessel, Knoblauchsrauke, Spitzwegerich, Gundelrebe, Gänseblümchen, Hirtentäschel, Giersch, Sauerampfer, Malve), fein gehackt
- 20 Bärlauchblätter, fein gehackt
- 125 ml Gemüsebrühe
- 5 altbackene Brötchen
- 3 Eier
- 125 ml Milch
- Salz
- Pfeffer aus der Mühle
- Muskatnuss, frisch gerieben
- 70 g Parmesan, fein gerieben
- etwas Oregano und Liebstöckel
- Semmelbrösel nach Bedarf
- 50 g zerlassene Butter
- 50 g Parmesan, gehobelt

1 Den Schinkenspeck in der Butter kurz anbraten. Bärlauch und Wildkräuter zufügen, mit Brühe ablöschen und etwa 2 Minuten garen.

2 Die Brötchen klein schneiden, die Eier verquirlen. Brötchen in Milch und Eiern einweichen, dann gut ausdrücken, mit Salz, Pfeffer und Muskat würzen.

3 Die Kräutermischung in einem Sieb ausdrücken. Brötchen mit Kräutermischung, geriebenem Parmesan, Oregano und Liebstöckel zu einem festen Knödelteig verkneten. Sollte der Teig zu weich sein, Semmelbrösel einarbeiten.

4 Mit nassen Händen aus dem Teig Knödel formen und in siedendem Salzwasser 8 bis 10 Minuten garen. Wenn die Knödel oben schwimmen, mit einem Schaumlöffel herausheben. Mit zerlassener Butter und Parmesan servieren.

Bärlauch-Schinken-Klöße

Zutaten für 4 Portionen

- 500 g mehlig kochende Kartoffeln
- 150 g Mehl
- 50 g Weizengrieß
- 2 Eigelb
- 200 g Bärlauch, grob gehackt
- 200 g gekochter Schinken, fein gewürfelt
- 50 g zerlassene Butter
- Salz, Pfeffer aus der Mühle
- Muskatnuss, frisch gerieben

1 Die Kartoffeln kochen, schälen und durch die Kartoffelpresse drücken. Mehl, Grieß, Eigelb, Bärlauch, Schinken und Butter mischen, mit Salz, Pfeffer und Muskat würzen und zu einer gleichmäßigen Masse verrühren. Den Teig etwa 15 Minuten ruhen lassen.

2 Mit feuchten Händen aus dem Teig Knödel von etwa 5 cm Durchmesser formen. In siedendem Salzwasser etwa 15 Minuten gar ziehen lassen. Die Klöße sind gar, wenn sie oben schwimmen.

Selbst gesammelte Kräuter *machen diese Knödel zu einem ganz individuellen Gericht.*

Fleischgerichte

Gerichte mit Fleisch und Geflügel präsentieren wir Ihnen auf dieser und der folgenden Doppelseite. Da diese Zutaten einen kräftigen Eigengeschmack haben, kann der Bärlauch hier als intensive Würze eingesetzt werden. Besonders raffiniert sind gefüllte Fleischgerichte, die im Ofen oder in der Pfanne zubereitet werden können. Eine Kräuterfüllung mit Bärlauch passt sowohl zum kräftigen Lamm- und Rindfleisch als auch zum zarten Kalbfleisch und zu Geflügel. Da der Bärlauch in das Fleisch eingehüllt ist, kommt er außerdem nur indirekt mit der Hitze in Kontakt und bewahrt so besser sein Aroma.

SMART Tipp

› **Die Kräuterpaste** aus diesem Rezept können Sie auch verwenden, um Fleisch zu überbacken, beispielsweise Lammkoteletts oder Rindersteaks. Damit sie fester wird, geben Sie noch 3 Scheiben entrindetes, zerbröseltes Toastbrot hinzu. Das Fleisch von beiden Seiten in der Pfanne anbraten. Dann mit der Kräuterpaste bestreichen und im Backofen bei 150 °C etwa 15 Minuten garen.

Gefüllte Lammkeule

Zutaten für 4 Portionen

- 1 Lammkeule à ca. 2 kg (vom Metzger entbeint)
- Salz, Pfeffer aus der Mühle
- 1 großes Bund Bärlauch
- 1 Bund glatte Petersilie
- 6 Zweige Thymian
- Schale von ½ unbehandelten Zitrone
- 8 EL Olivenöl
- 500 g gemischtes Gemüse (Karotten, Sellerie, Lauch)
- 1 kg Kartoffeln
- 1 l Lammfond

1 Die Lammkeule innen und außen mit Salz und Pfeffer einreiben.

2 Die Kräuter waschen und trocken tupfen, Stiele vom Bärlauch entfernen, die Petersilien- und Thymianblättchen abzupfen. Kräuterblätter zusammen mit der Zitronenschale in einen Mixer geben, 5 Esslöffel Olivenöl zugeben und zusammen mit etwas Salz und Pfeffer pürieren.

3 Die Kräuterpaste auf die Innenseite der Lammkeule streichen, die Keule zuklappen und mit Küchengarn zubinden.

4 Das Gemüse und die Kartoffeln waschen, putzen und in Stücke schneiden.

5 Den Backofen auf 170 °C vorheizen. Das restliche Öl in einem Bräter erhitzen und die Lammkeule rundherum darin anbraten. Das Gemüse und die Kartoffeln zugeben und kurz anbraten. Mit Lammfond ablöschen und im vorgeheizten Backofen auf der 2. Einschubleiste von unten etwa 1 Stunde braten. Jede Viertelstunde mit Lammfond begießen.

6 Die Keule herausnehmen, in Alufolie einwickeln und etwa 10 Minuten ruhen lassen. Die Lammkeule zusammen mit den Beilagen servieren.

Varianten

Dieses Rezept lässt sich auch mit anderen Fleischsorten zubereiten. Sie können beispielsweise eine Kalbsbrust mit der Kräuterpaste füllen.

Bärlauchrouladen

***Für Bärlauchrouladen** wird Hackfleisch im „grünen Kleid“ geschmort.*

Zutaten für 4 Portionen

- 12–18 große Bärlauchblätter
- ½ Bund Petersilie
- 1 Tomate
- etwas Öl zum Anbraten
- 400 g gemischtes Hackfleisch
- Salz, Pfeffer aus der Mühle
- 500 ml Gemüsebrühe
- 2 altbackene Brötchen
- etwa 80 ml Milch
- 1 Ei

1 Die Bärlauchblätter waschen, trocken tupfen, die Stiele abschneiden. Die Blätter beiseite legen, die Stiele hacken. Die Petersilie waschen und trocken tupfen, die Blättchen abzupfen und fein hacken. Die Tomate waschen, vom grünen Stielansatz befreien und fein würfeln.

2 Das Öl in einer Pfanne erhitzen, die Bärlauchstiele anbraten, Hackfleisch und Petersilie zugeben, salzen, pfeffern und etwa 3 Minuten braten. Die Hackfleischmischung aus der Pfanne herausnehmen.

3 Die Tomatenwürfel und die Gemüsebrühe in die Pfanne geben, aufkochen und die Flüssigkeit etwas einkochen lassen, dann beiseite stellen.

4 Die Brötchen klein schneiden, in der Milch einweichen, anschließend in einem Sieb gut ausdrücken. Die Hackfleischmischung mit den Brötchen und dem Ei gründlich verkneten.

5 Jeweils 3–4 Bärlauchblätter einander überlappend auf eine Arbeitsplatte legen, mit etwas Fleischteig füllen und zusammenrollen. Die Seiten dabei päckchenartig einschlagen und die Röllchen mit Zahnstochern oder Küchengarn zusammenhalten.

6 Die Röllchen in einer Pfanne in etwas Öl rundherum kurz anbraten. Die Sauce dazugeben und bei geschlossenem Deckel etwa 10 Minuten weiterschmoren.

Beilagen

Dazu passen junge Kartoffeln oder Naturreis.

Geflügel

Poulardenbrust mit Spinat-Bärlauch-Füllung

Zutaten für 4 Portionen

- 2 Schalotten
- 1 Knoblauchzehe
- 100 g junger Spinat
- 100 g Bärlauch
- 1 EL Olivenöl
- 2 EL Parmesan, fein gerieben
- Salz
- Pfeffer aus der Mühle
- Muskatnuss, frisch gerieben
- 4 Poulardenbrüste mit Haut
- 2 EL Butterschmalz

1 Schalotten und Knoblauch schälen und fein hacken. Den Spinat waschen und abtropfen lassen. Den Bärlauch waschen, trocken tupfen, Stiele abschneiden und Blätter grob hacken.

2 Schalottenwürfel im heißen Olivenöl andünsten, die Knoblauchzehe kurz mitdünsten. Spinat dazugeben und andünsten bis er zusammenfällt, dann die Bärlauchblätter zugeben und nur kurz mitdünsten.

3 Die Gemüsemischung aus der Pfanne nehmen und in einem Sieb ausdrücken, den Parmesan unterheben und alles mit Salz, Pfeffer und Muskat würzen.

4 Die Poulardenbrüstchen mit einem scharfen Messer der Länge nach vorsichtig aufschneiden. Die Innenseiten mit etwas Salz und Pfeffer würzen. Die Gemüsefüllung hineingeben, die Brüste zuklappen und mit Zahnstochern verschließen. Das Fleisch von außen mit Salz und Pfeffer würzen.

5 Die Poulardenbrüste mit der Hautseite nach unten im Butterschmalz bei starker Hitze anbraten. Dann wenden und kurz von der Fleischseite anbraten. Die Pfanne vom Herd ziehen und das Fleisch mit Butterschmalz übergießen. Die Poulardenbrüste im vorgeheizten Backofen bei 120 °C in 10–15 Minuten fertig garen.

SMART Tipp

› Als Beilage zur Poulardenbrust passen Spinat und Stampfkartoffeln.

Putenröllchen mit Bärlauch und Schinken

Zutaten für 4 Portionen

- 500 g Putenbrust (vom Metzger in 10 Schnitzel geschnitten)
- etwas Mehl
- 100 g hauchdünn geschnittener luftgetrockneter Schinken
- 10 Bärlauchblätter und 4 EL fein gehackter Bärlauch
- 2 EL Butterschmalz
- 125 ml Gemüsebrühe
- 1 TL Speisestärke
- 125 g Crème fraîche
- Salz
- Pfeffer aus der Mühle

1 Die Putenschnitzel jeweils zwischen zwei Lagen Küchenfolie legen und sehr dünn flach klopfen. Schnitzel auf einer Seite in Mehl wenden.

2 Die unbemehlte Seite der Schnitzel mit Schinken und Bärlauchblättern belegen, zu Röllchen zusammenrollen und mit Zahnstochern zusammenstecken.

3 Das Butterschmalz in einer großen Pfanne erhit-

zen und die Röllchen darin von allen Seiten braun braten. Die Gemüsebrühe angießen und das Fleisch zugedeckt etwa 15 Minuten garen.

4 Die Putenröllchen herausnehmen, den Bratfond mit Speisestärke binden, die Crème fraîche unterrühren, den gehackten Bärlauch

Raffiniert gefüllt: Putenschnitzel mit Bärlauch und Schinken.

unterheben und die Sauce mit Salz und Pfeffer würzen. Die Putenröllchen mit der Sauce servieren.

5 Dazu passen Bandnudeln und Möhrengemüse oder ein gemischter Salat und Baguette.

SMART Tipp

› **Sie können** das Fleisch auch ohne Sauce zubereiten und kalt zu einem Salat reichen. Die Röllchen in Scheiben schneiden und auf dem Salat anrichten.

Fisch und Meeresfrüchte

Auch mit dem zarten Aroma von Fischen und Meeresfrüchten wie Garnelen oder Krabben harmoniert Bärlauch bestens. Sie können den Bärlauch beispielsweise als kräftigen Geschmacksakzent einsetzen und in Gerichten der mediterranen Küche anstelle von Knoblauch verwenden oder Saucen zu Edelfischen damit raffiniert aromatisieren.

Seezungenröllchen auf Bärlauchsauce

Zutaten für 4 Portionen

- 200 g Lachsfilet, gut gekühlt
- 150 g süße Sahne, gut gekühlt
- Salz, Pfeffer aus der Mühle
- 8 Seezungenfilets
- Fett für die Form
- 3 EL Weißwein
- 400 ml Fischfond (aus dem Glas)
- 1 Knoblauchzehe, fein gehackt
- 2 Schalotten, fein gehackt
- 1 EL Butter
- 1 TL Kurkuma
- Saft von ½ Zitrone
- 200 g Crème fraîche
- 1 Bund Bärlauch, fein gehackt

1 Das Lachsfilet klein schneiden, salzen und pfeffern, dann im Mixer oder mit einem Schneidestab fein pürieren. Nach und nach die Sahne untermixen, die Farce dann durch ein Sieb streichen und mit Salz und Pfeffer abschmecken.

2 Die Seezungenfilets mit der Hautseite nach oben auf eine Arbeitsplatte legen, mit der Farce bestreichen, Filets zusammenrollen und mit Zahnstochern feststecken.

3 Eine ofenfeste Form fetten, die Röllchen hineinsetzen und den Weißwein und den Fischfond dazugießen. Die Röllchen abgedeckt im auf 180 °C vorgeheizten Backofen etwa 15 Minuten garen.

4 Knoblauch- und Schalottenwürfel in Butter andünsten und mit Kurkuma bestreuen, Zitronensaft zufügen. Mit restlichem Fischfond aufgießen und 5 Minuten kochen. Die Sauce mit einem Schneidestab oder im Mixer pürieren, in der Pfanne mit der Crème fraîche erwärmen und den Bärlauch unterziehen.

5 Den Garfond von den Seezungenfilets zur Sauce geben, mit Salz und Pfeffer abschmecken. Die Seezungenröllchen auf der Bärlauchsauce anrichten.

> **SMART Tipp**
>
> - Dazu passt Basmatireis und ein Salat aus Kopfsalatherzen.

Flusskrebse mit Kräutern

Zutaten für 4 Portionen

- 1 getrocknete Peperoni
- 1 EL Olivenöl
- 1 Schalotte, fein gewürfelt
- 4–6 Knoblauchzehen, fein gewürfelt
- 3 EL Schnittlauch oder Schnittknoblauch
- 2 EL gehackter Bärlauch
- 1 EL gehackter Dill
- 1 EL gehackte Petersilie oder Kerbel
- Salz
- Saft von 1 Zitrone
- 100 ml Fischfond oder Gemüsebrühe
- 200 g Crème fraîche
- 20–30 Flusskrebsschwänze

Eine besondere Delikatesse sind diese Flusskrebse mit Kräutern.

SMART Tipps

- **Zu den Krebsen** passt Weißbrot oder Toast.
- **Wenn Sie keine** Flusskrebse bekommen, können Sie das Gericht auch mit Riesengarnelen zubereiten.

1 Die getrocknete Peperoni fein zermörsern. Das Öl in einem großen Topf erhitzen und die Schalottenwürfel darin bei geringer Hitze weich dünsten, dabei nicht anbräunen.

2 Knoblauch, Kräuter, Peperoni, Salz und Zitronensaft zugeben. Mit Fischfond oder Gemüsebrühe angießen und die Crème fraîche unterrühren.

3 Die Krebsschwänze im Sud 5 bis 10 Minuten bei sehr milder Hitze ziehen lassen und das Gericht sofort servieren.

Infoecke

Bildquellen

Fotos:
Bildagentur Waldhäusl / Arco Digital Images / Diez O.: 8
Steffen Hauser / botanikfoto: 12, 13
CMA: 37
CMA/Dt. Kartoffel: 45
Fridhelm Volk: 33, 35, 38, 39, 41, 43, 46, 47, 49, 50, 51, 52, 53, 55, 57, 59, 61
Friedrich Strauß: 28/29, 31, 64, 65
Hans Reinhard: 2/3, 4/5, 9, 10, 11, 15, 16(2), 17re, 18/19, 21, 23, 26, 27, 30, 32
PixelQuelle.de: 7, 15, 17li, 20, 24
Wolfgang Redeleit: 14

Zeichnungen:
Leonhart Fuchs, New Kreüterbuch: 22
Lutz-Erich Müller, Leipzig: 25

Titelbild:
Friedrich Strauß

Zur Autorin

▸ **Claudia Boss-Teichmann** ist Historikerin und arbeitet als freie Redakteurin und Autorin. Sie hat sich auf Sachbuch- und Ratgeberthemen spezialisiert. Ihr besonderes Interesse im Bereich Ernährung und Garten gilt dem Kochen mit saisonalen und regionalen Lebensmitteln und dem Anbau und der Verwendung von Kräutern.

Literatur

▸ **Bärlauch. Frisch aus dem Frühlingsparadies,** Stefanie Klein, Edition Fona, Lenzburg 2004.

▸ **Das Bärlauch-Kochbuch,** Andrea Kösslinger, Sibylle Reiter, Verlag Schnell, Warendorf 2006.

▸ **Das kleine Bärlauch-Kochbuch,** Barbara Rias-Bucher, Hölker, Münster 2005.

▸ **Kochen mit Kräutern,** Renate und Fridhelm Volk, Verlag Eugen Ulmer, Stuttgart 2002.

▸ **Bärlauch. Naturküche und Volksmedizin,** Ingrid Wolter, Unikum Verlag, Graz 2003.

Adressen

Gesundheitsprodukte
Aurica Naturheilmittel und Naturwaren GmbH
Püttlinger Str. 121
66773 Schwalbach
Tel.: 06834/9565-0
Fax: 06834/9565-15
E-Mail: info@aurica.de
www.aurica.de
Bärlauch-Tabletten mit Zink

Herbaria Kräuterparadies GmbH
Hagnbergstr. 12
83730 Fischbachau
Tel.: 08028/9057-0
Fax: 08028/9057-54
E-Mail: info@herbaria.de
www.herbaria.de
Bärlauch-Saft

Naturprodukte Dr. Pandalis GmbH & Co. KG
Füchtenweg 3
49219 Glandorf
Tel.: 0 54 26/ 34 81
Fax: 0 54 26/ 34 82
E-Mail: info@pandalis.de
www.pandalis.com
Bärlauch-Frischblatt-Granulat und -Kapseln, Bärlauch-Kombi-Produkte

Pflanzen sind mittlerweile bei vielen Gärtnereien erhältlich, fragen Sie vor Ort nach. Im Internet findet man unter dem Stichwort „Bärlauch-Pflanzen“ zahlreiche Versandhändler, die Pflanzen und Samen im Angebot haben.

Impressum

Bibliografische Information der Deutschen Nationalbibliothek
Die Deutsche Nationalbibliothek verzeichnet diese Publikation in der Deutschen Nationalbibliografie; detaillierte bibliografische Daten sind im Internet über http://dnb.d-nb.de abrufbar.

Wollgrasweg 41
70599 Stuttgart
Internet: www.ulmer.de

Lektorat: Kerstin Hug
Covergestaltung und Layout: X-Design, München
DTP: juhu media, Susanne Dölz, Bad Vilbel
Druck und Bindung: Litotipografia-editrice Alcione, Trento
Printed in Italy
ISBN 978-3-8001-5349-7

Veranstaltungen rund um Bärlauch

- **Ramschelfest**
Ort: Mönchenholzhausen, Ortteil Hayn, Thüringen
Zeitpunkt: Wochenende um den 30. April
Info: Gemeindeverwaltung
Tel.: 036203/50243

- **Eberbacher Bärlauchtage**
Ort: Eberbach, Baden-Württemberg
Zeitpunkt: März/April
Info: Tourist-Information
Tel.: 06271/4899
E-Mail: tourismus@eberbach.de

- **Bärlauchfest**
Schwabstedt u.U., Schleswig-Holstein
Zeitpunkt: Mai
Info: Treene Tourismus Schwabstedt u.U.
Tel.: 04884/909806

Haftung

Die Autorin und der Verlag haben sich um richtige und zuverlässige Angaben bemüht. Fehler können jedoch nicht vollständig ausgeschlossen werden. Eine Garantie für die Richtigkeit der Angaben kann daher nicht gegeben werden. Haftung für Schäden und Unfälle wird aus keinem Rechtsgrund übernommen.

SPEZIAL

Dekorationen mit Bärlauch

Die filigranen Blüten und die frühlingsgrünen Blätter des Bärlauchs sind auch für das Auge ein Genuss. Und was könnte perfekter zu einem Essen mit Bärlauch-Gerichten passen?

Es bietet sich an, Bärlauch mit anderen Frühlingsblühern zu kombinieren.
Für eine romantische Tischdekoration wie auf dem Bild unten braucht man neben Bärlauch außerdem Maiglöckchen, Flieder, Waldmeister, Tränendes Herz, Rosen und Gräser. Der Bärlauch wird zusammen mit Maiglöckchen und Rosen in großen Gläsern arrangiert. Eine andere Möglichkeit: Stellen Sie einfach Bärlauchpflanzen in farblich passenden Übertöpfen auf den Esstisch. Alternativ wickeln Sie die Töpfe in farbiges Papier, das Sie mit Bast fixieren.

Effektvolle Bärlauch-Sträuße

Kombinationen von Bärlauchblüten mit weißen oder pastellfarbenen Blumen wirken besonders duftig-leicht und edel. Kräftigere Farbkontraste wie auf dem Bild rechts wirken dagegen frisch und lebendig. Auch durch die Wahl des Gefäßes – sei es eine Schale für ein Gesteck oder eine Vase für einen Blumenstrauß – können Sie Farbakzente setzen. Auch Sträuße mit Bärlauch „pur“ können sehr wirkungsvoll sein. Stellen Sie beispielsweise Bärlauchblüten